주식

공부는 함께
투자는 혼자

주식 공부는 함께 투자는 혼자

발행일	2019년 9월 30일		
지은이	송영관		
펴낸이	손형국		
펴낸곳	(주)북랩		
편집인	선일영	편집	오경진, 강대건, 최예은, 최승헌, 김경무
디자인	이현수, 김민하, 한수희, 김윤주, 허지혜	제작	박기성, 황동현, 구성우, 장홍석
마케팅	김회란, 박진관, 조하라, 장은별		
출판등록	2004. 12. 1(제2012-000051호)		
주소	서울시 금천구 가산디지털 1로 168, 우림라이온스밸리 B동 B113, 114호		
홈페이지	www.book.co.kr		
전화번호	(02)2026-5777	팩스	(02)2026-5747

ISBN	979-11-6299-888-5 03320 (종이책)	979-11-6299-889-2 05320 (전자책)

이 도서의 국립중앙도서관 출판예정도서목록(CIP)은 서지정보유통지원시스템 홈페이지(http://seoji.nl.go.kr)와
국가자료공동목록시스템(http://www.nl.go.kr/kolisnet)에서 이용하실 수 있습니다.
(CIP제어번호: CIP2019037906)

증권사 HTS를 통해 배우는 **주식투자**의 기본 원리

주식

공부는 함께
투자는 혼자

송영관 지음

좋은 기업보다 우선하는 것이 적정가에 주식을 매수
하는 것이다. 이 책은 HTS를 통해 차트 읽는 법부터
매수 타이밍을 포착하는 법까지 주식투자를 위해 반드시
알아야 할 기초를 다루고 있다.

북랩 book Lab

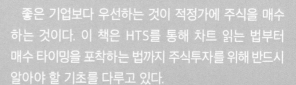

머
리
말

오랜 세월 주식투자를 하면서 얼마나 많은 실패와 손실을 보았는지 계산도 안 된다. 전문가를 통한 위탁 투자부터 월 회비를 내고 받는 급등주 종목 추천까지 참 다양하게 투자 실패 방법만을 찾아서 쫓아다닌 것 같다.

1988년의 서울올림픽을 계기로 처음 주식을 알게 되고 나서부터 벤처 열풍, 닷컴 버블(dot-com bubble), IMF 외환 위기와 미국 투자은행 리먼 브러더스(Lehman Brothers) 사태에 의한 세계 금융 위기까지 천당과 지옥을 오가는 시간을 보냈다. 그러면서 깨달은 사실 하나는 주식투자는 공부를 통해서 원칙 매매를 해야 한다는 것이다.

상승장에서 수익을 지킬 수 있고 하락장에서 위험 손실 관리를 할 줄 아는 투자원칙이 있느냐, 없느냐가 투자 성공의 열쇠이다. 얼마만큼 공부하고 얼마만큼 아느냐보다 더 중요한 것은 자신만의 투자원칙을 얼마만큼 실천하느냐이다.

이 책의 내용이 주식투자의 완벽한 성공을 보장할 수는 없지만, 개인 투자자가 어떻게 공부하고 어떤 원칙을 가지고 어떻게 매매를 해야 하는지에 대한 최소한의 길잡이 역할은 할 수 있으리라 생각한다.

투기가 아닌 투자를 할 수 있는 투자 시점을 분석하고 상승과 하락의 등락에서 매수와 매도시점을 알 수 없는 불안하고 초조한 기다림의 시간이 아닌 주가 변동 사이클 분석을 통해서 상승 매도시점을 분석하고 하락 매수시점을 기다릴 줄 아는 여유로운 마음으로 투자할 수 있는 그러한 공부가 될 수 있기를 바란다.

주식투자에서 말하는 '경제 위기 10년 주기설'과 미·중 무역 갈등, 일본의 화이트리스트 한국 배제로 인한 한·일 무역 갈등 속에서 주가는 2,000선 아래까지 무너졌지만, 주식은 하락· 상승의 등락을 끊임없이 반복하고 있다. 주식을 살아있는 생물이라고 표현하는 이유이다. 지금이 하락 시점이라면 언젠가는 상승한다. 따라서 힘든 시간을 견디어 낼 수 있는 투자원칙이 있는지를 먼저 고민하는 것이 필요하며 투자원칙이 없는 독자와 주식투자를 처음으로 해 보려고 하는 주식 초보자에게 이 책이 도움이 되기를 바란다.

이 책은 경제와 주식 전문가의 글이 아닌, 한 개인 투자자의 투자 경험을 토대로 쓴 글이다. 수익을 따지기에 앞서서 손실을 보지 않는 매매를 하자는 뜻에서 이 글을 썼다. 최소한 이 정도는 알고, 이것 정도는 분석할 수 있어야 한다는 의미이며 이것만 하면 주식투자에 성공한다는 것은 아님을 밝힌다.

※ 당부 말씀

　주식 공부와 투자 경험으로 자신만의 투자원칙이 생길 때까지는 손실을 줄이는 매매를 투자원칙으로 삼아야 합니다.
　수많은 개인 투자자가 어떠한 검증도, 분석도 없이 남들의 추천 종목을 따라서 오로지 수익만을 좇는 매매는 불 속으로 날아드는 불나방과 같습니다.

　주가는 오르고 내리는 것을 끊임없이 반복합니다. 수익을 챙겨서 나올 줄도 알아야 하고 손실과 하락하는 주가에 대응할 줄도 알아야만 진정한 주식투자자로서의 실력을 갖추게 되는 것입니다. 피 같은 내 돈을 공부도 하지 않고 원칙도 없이 누군가의 말이나 글에서 추천하는 종목을 보고 아무 생각 없이 매수해서 50%~100%, 혹자는 1,000%의 수익이 나기를 바라는 것은 참으로 어리석은 생각이 아닐 수 없습니다.

　600조 원의 자금을 운용하는 연기금의 작년 수익률은 -0.9%, 연평균 누적 수익률은 5.24%[1]에 불과합니다. 그러므로 투자 수익에 대한 정확한 이해를 먼저 할 수 있기를 바랍니다.
　또한, 주가를 분석하는 여러 지표를 분석할 줄 안다고 해서 금방 수익을 볼 수 있는 것은 아닙니다. 공부와 실전 매매를 통해서 나만의 투자원칙이 생겼을 때 수익도 날 수 있고 손실 대응도 할 수 있으며 하락장 속에서도 기다릴 수 있게 되는 것입니다.
　공부만 한다고 되는 것이 아니고 투자 경험에 따른 원칙매매를 할 수 있을 때 수익을 볼 수 있는 진정한 주식투자자가 된다는 점을 꼭 명심하시길 바랍니다.

---

1)　참고 자료: 연합인포맥스 2019년 4월 22일 자 기사.

목차

Part 1. 공부 방법

Part 2. HTS(Home Trading System, 홈 트레이딩 시스템)

Part 1

공부 방법

" 기업이 지속적인 경쟁력을 가졌는지,
   신뢰할 수 있는 경영진이 있는지,
   상품에 독점력이 있는지,
   주가는 합리적인 가격인지 등의 요소가 중요하다. "

1장

어떻게
공부할까?

주식투자에서는 수익을 내기 위한 많은 기법과 분석자료들(analysts)이 있다. 개인이 가장 쉽게 공부하고 알 수 있는 기본으로는 증권사별 HTS(Home Trading System, 홈 트레이딩 시스템)의 분석을 통한 방법이 있다.

증권사 홈페이지에는 HTS 이용 안내문 또는 이용 안내를 위한 가이드 창이 있다. 전체를 보면 너무 방대한 자료이며 초보자가 쉽게 알기도 어렵고 용어 또한 생소하고 어렵다. 1장에서는 핵심 주제로 코스피·코스닥의 지수와 업종, 종목 등을 분석할 수 있게 최소한으로 요약된 HTS 창을 통하여 이를 어떻게 투자에 접목할 수 있는지를 설명하고자 한다. 즉, 분석방법과 분석 내용으로 투자에 접근하는 방법에 대한 설명이다.

기본적인 분석도 없이 수익만 먼저 생각하고 투자원칙도 없는 초보 투자자는 수익보다 손실을 더 많이 보는 것이 명백한 사실이다. 그런데도 많은 개인 투자자가 손실에 관한 공부는 하지 않고 손실이 나면 본전이 될 때까지 기다리거나 여기에 더해서

'언젠가는 본전에 수익도 나겠지' 하는 막연한 생각으로 무작정 기다린다.

개인이 매수한 종목들을 보면 시장에서 소외된 기업과 영업이익이 마이너스인 적자 기업, 부채가 많아 투자로 성장할 수 없는 기업, 유상 증자로 주가가 나락으로 내몰리다가 결국 언제 상장 폐지가 될지 모르는 종목들이 대부분이다. 초보 투자자들은 이러한 종목의 주식을 들고서 하염없이, 끝없이 손자에게 유산으로 물려주려는 아름다운 조상의 마음으로 오르기만을 기다린다.

그러나 대부분의 개인 투자자는 끝 모를 하락과 기다림에 지치고 결국 상장 폐지도 될 수 있는 손실의 결과와 함께 주식 시장을 떠난다. "다시는 주식을 하지 않을 것이다.", "주식은 절대로 하면 안 된다."라는 씁쓸한 명언을 남기고 떠난다.

주식투자는 수익을 보기에 앞서서 손실에 대해 대응할 줄 알아야 한다. 손실에 대응하려면 매수를 잘해야 하고 매수를 잘하려면 성장 가능한 기업을 찾아서 적정 주가에 매수하는 것이 가장 중요하다. 아무리 좋은 기업이라도 현재 주가가 고점에 있다면 손실을 보게 된다. 좋은 기업보다 더 우선하는 것이 적정 주가에 주식을 매수하는 것이다.

이 책에서는 기업 분석과 차트분석, 수급(돈) 분석, 주포 세력 (외국인, 기관) 분석 등 이러한 모든 것을 분석할 수 있는 HTS 창을 기반으로 공부하는 방법을 설명하고 개인 투자자가 어려워하는 것을 순서대로 나열하여 쉽게 공부하고 알 수 있도록 적어 두었다.

투자금 관리부터 분할매매까지 자기만의 원칙이 만들어졌을 때 주식 시장에서 살아남을 수 있다. 우리가 하고자 하는 공부의 목적은 첫째, 손실을 보지 않는 매매이며, 둘째, 자금을 지키는 매매, 셋째, 지킨 자금으로 수익 내기이다. 손실을 최소화하고 투자금을 지킬 줄 아는 매매원칙2)과 상승 및 하락의 등락 속에서도 일희일비하지 않는 투자원칙3)이 생길 때까지 공부하는 것이 목적이다.

---

2) 매수·매도원칙을 말한다.
3) 투자금 관리부터 HTS 분석까지 모든 원칙을 말한다.

1. 공부하는 순서

- 투자금 관리를 할 줄 모르면 한강으로 가게 된다.
- 기업 분석은 기본적 분석이다.
- 업종수급 주포분석, 누구의 돈이 들어오는가.
- 차트분석은 기술적 분석으로 주식은 추세 흐름이다.
- 손절 수익 실현, 관리 ±2%를 알고 쉽게 관리하자.
- 개인 초보 투자자는 이러한 종목은 절대 매수하지 않는다.
- Home Trading System(홈 트레이딩 시스템) 정리.
- 코스피·코스닥 지수 차트와 세력과 수급(돈)을 분석하자.
- 상승하는 업종을 찾아라.
- 종목 분석은 이렇게 해 보자.
- 매수 종목, 찾기 쉬워요.
- 매매 일지 정리는 꼭 하자.

2. 주식 공부의 원칙
(생각하는 시간)

- 손실을 보지 않는 투자를 하기 위한 공부이다.
- 공부하지 않고 하는 투자는 -70%의 손실을 본다.
- 절대로 추천 종목을 신뢰하지 않는다.
- 기업 가치보다 더 중요한 것은 매수 가격이다.
- 분기매매를 원칙으로 한다(영업 실적 분기 발표/주가는 선반영 된다).
- 공부는 함께 하되, 서로 간에 종목 추천은 절대로 하지 않는다.
- 남의 투자금에 대해서 신경 쓰지 마라. 상대적 박탈감으로 인해서 나의 투자원칙이 무너진다.

3. 누구나 장점은 있다
(개인이 가진 장점을 개인은 절대로 모른다)

- 매일 매매할 필요가 없다.
- 모든 종목을 매매할 필요가 없다.
- 반등 상승장까지 기다릴 수 있다.

4. 이것만은 꼭 공부하고 주식투자하자

- 투자금 관리
- 기업 분석
- 업종수급/주포 물량 매집 분석
- 차트분석
- 손절/수익 실현 관리

5. 지수>업종>종목

종목은 업종을 이길 수 없고 업종은 지수를 이길 수 없다는 말이다.

코스피·코스닥 지수가 하락하면 업종 또한 하락한다.

업종이 하락하면 개별 종목 또한 하락한다. 물론 폭락장세 속에서도 상한가 종목은 나온다. 그러나 개인이 이러한 상한가 종목을 따라가면 언제나 폭망하는 손실을 보게 된다. 순식간에 상승과 하락의 등락을 반복하는 급등 종목을 쫓아가기에는 개인은 기업 정보를 너무 모르고 있다. 어디서 누가 추천하는 종목들을 내가 알게 된다면 그 정보는 가짜 정보이거나 너무 늦게 알게 된 정보라고 생각하면 된다.

주가 등락에 관한 정확한 정보는 기업 대표의 내부 정보뿐이다.

내가 그 기업 대표의 내부 정보를 알 수 없다면 내가 듣는 모든 정보는 가짜라고 간주해도 된다. 분기별 공시에서 알 수 없는 기업 정보는 가짜로 보면 된다. 누가 나에게 돈을 벌라고 이러한 꿀같은 정보를 주겠는가? 힘들고 어려운 투자를 하지 말고 공부를 통한 분석과 원칙을 지키는 편안한 투자를 해야 한다.

HTS 분석으로 매수시점과 매도시점을 분석할 줄 안다면 현금을 들고, 주식을 들고 기다리기만 하면 된다. 매수시점과 매도시점을 분석하고 대응하며 기다리는 것이 바로 투자원칙이다.

6. 주가 변동 사이클

주가는 끝없이 상승과 하락을 반복한다.

기업의 문제, 국내의 문제와 북한 문제, 세계 여러 나라의 복잡하고 다양한 문제까지 우리가 알 수도 없는 이유로 주가는 들썩이며 요동친다.

우리나라는 수출 주도형 산업 구조이며 지금은 세계 모든 국가 경제가 미국과 중국이라는 거대한 축에 연결된 산업 구조라 이러한 부분에서 더욱 영향을 받을 수밖에 없다. 그러나 변하지 않는 것은 아무리 여러 외부 변수 요인이 있다 해도 결국은 기업의 문제라는 것이다. 기업의 성장 가능성이 있는가. 좋은 상품으로 매출과 영업이익이 좋고 재무가 견실한 기업이라면 지금 당장은 어렵다 해도 결국에는 성장한다.

성장하는 기업의 주가는 결국 상승하게 된다. 우리는 이러한 기업을 찾기 위해서 공부하는 것이다.

주가 변동 사이클은 종합차트(0520)에서 월봉, 주봉, 일봉으로 분석한다.

현재가를 기준으로 차트에서 지수종합(코스피·코스닥) 예가(적정 예상 가격), 업종 예가, 종목 예가를 분석하고 상승기, 하락기, 침체기, 회복기의 주가 변동 사이클에 맞게 투자할 줄 알아야 한다.

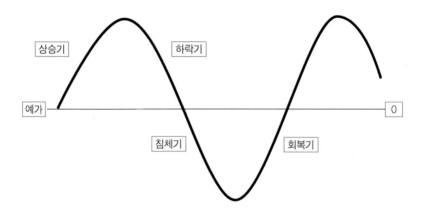

예가는 차트 월봉, 주봉, 일봉의 적정 평균 가격을 말한다.

- 상승기: 투자금 확장 시점(현재가 월봉, 주봉 예가 돌파 5일선/20일선/60일선 골든크로스 정배열)
- 하락기: 매도 후 자금 보유 시점(현재가 월봉, 주봉 예가 근접 5일선/20일선/60일선 데드크로스)
- 침체기: 투자 금지 관망 시점(현재가 월봉, 주봉 예가 아래로 하락 60일선/20일선/5일선 역배열)
- 회복기: 매수 물량 확보 시점(월봉 예가 분석 후 주봉 추세 캔들 5평 값 상승 반등 확인 후 매수)

7. 주식투자의 핵심

주식투자의 핵심은 결국 한마디로 "공부에 따른 원칙매매를 개인이 잘 실천할 수 있느냐에 달려 있다."라고 해도 과언이 아니다.

다시 한번 정리해 보면 다음과 같다.

① 투자하기 전에 자금 계획은 적절하게 세웠는가?
② 지속성장 가능한 기업을 분석할 수 있는가?
③ 기업의 적정 주가를 분석할 수 있는가?
④ 분할매수·분할매도로 주가 관리를 할 수 있는가?
⑤ 등락 장세 속에서 일희일비하지 않는 기다림의 시간을 견뎌낼 수 있는가?

2장

투자금
관리

개인 투자자의 경우, 투자금 관리를 제대로 할 줄
모른다. 누군가가 어떠한 종목이 오른다고 하면 있는 돈, 없는
돈에 신용을 통한 미수금까지 전부 끌어다가 쏟아붓는다. 이것
은 투기이지, 절대로 투자가 아니다.

주식은 기다릴 줄 알아야 한다. '여유 자금으로 적금을 든다'
라는 생각으로 1년이든, 2년이든 수익을 기다릴 줄 알아야 한
다. 주식투자는 단기간으로는 절대로 수익을 낼 수 없다는 사
실을 꼭 명심하기 바란다.

1. 첫 번째 원칙

투자금을 관리하기 위한 첫 번째 원칙은 먼저 투자금 계획을 세우는 것이다.

총투자금은 얼마로 할 것인지, 목돈으로 한 번에 증권사에 예탁해서 매매할 것인지, 아니면 조금씩 매수하는 저축 방식으로 할 것인지에 대한 계획을 먼저 세워야 한다. 투자금은 최소 향후 3년간 사용하지 않는 여유 자금이어야 하며 급하게 자금이 필요한 경우에도 주식에 투자한 자금은 생각하지 않아도 되는 그러한 여유 자금을 말한다.

2. 두 번째 원칙

공부하지 않고 투자하는 것은 투자금 대비 -70%의 손실을 볼 수밖에 없다.

이것은 단순히 시간의 문제일 뿐, 틀림없는 사실이다. 그동안 투자한 금액의 손실을 정확하게 계산하여 만약 아직 -70%의 손실을 보지 않았다면 운이 좋았다. 공부하지 않고 원칙 없는 투자를 할 때는 -70% 손실을 감당할 수 있는 만큼의 자금으로 투자해야 한다. 투자금이 1,000만 원이라고 할 때, 700만 원의 손실을 감당할 수 있겠는가? 만약 700만 원의 손실을 감당할 수 없다면 투자금을 감당할 수 있는 수준으로 더욱 적게 줄여야 한다.

100만 원을 투자할 때 70만 원의 손실을 감당할 수 있다면 투자금을 100만 원으로 시작해서 공부 수준에 따라서 조금씩 투자금을 늘리고 손실을 줄여나간다.

민주주의 자본 경제가 망하지 않는 한, 주식투자는 영원히 언제든지 할 수 있다. 수천 조의 자금이 움직이는 곳에서 아무런 지식도 없는 개인이 쉽게 접근할 수 있도록 활짝 열려 있는 문에 대한 의심을 단 한 번이라도 해 본 적이 있는가?

현재 주식투자 인구 500만 명 시대에 경제 활동을 하는 성인 4명 중 1명은 주식투자를 하고 있다는 발표가 있다.

이처럼 아무나 쉽게 접근할 수 있도록 주식 시장이 개방되어 있다는 것은 반대로 생각하면 아무나 쉽게 돈을 벌 수 없다는 반증이다.

지금 눈앞에서 움직이는 돈이 너무나도 쉽게 내 것이 될 것이라는 착각은 절대로 하지 말기를 바란다.

3. 세 번째 원칙

매수할 때는 보유 자금의 30% 정도씩 분할매수하고 매도할 때는 보유 주식의 30%씩을 분할매도 또는 일괄매도하여 수익 손실 관리를 할 줄 알아야 한다.

예를 들어, 투자금 100만 원이 있다고 하자.
1차로는 100만 원의 30%인 30만 원을 매수하며,
2차로는 70만 원의 30%인 21만 원을 매수하고,
3차로는 49만 원의 30%인 14.7만 원을 매수한다.

매수할 때 중요한 것은 30%의 매수금 또한 3회로 분할매수하는 것을 원칙으로 해야 한다는 것이다(개인은 매수·매도를 할 줄 모른다).

매도할 때는 주가의 상승과 하락의 등락에 따라서 보유 주식의 30%를 분할매도 또는 일괄매도한다.

추가 하락 여부에 따라서 매수시점이 잘못되었다고 판단되면 일괄매도 또한 할 줄 알아야 한다.

이것은 상승세일 때 일부에 대하여 수익을 실현하고 추가 상승에 따른 수익 또한 가능하게 하는 것이며, 하락세일 때는 30%를 매도하므로 재매수를 할 수 있는 자금 확보를 가능하게 한다. 이렇게 하면 저가 재매수에 의한 매수 평균가를 낮추게 되고 보유 수량을 늘릴 수 있으므로 주가가 상승 반등할 때는 수익 증대 효과를 가져온다. 그러나 30% 손절에 의한 자본 손실 또한 볼 수 있다는 점을 꼭 명심해야 한다.

개인은 외국인 기관보다 자금 여력이 좋지 못하므로 주가 등락에 따른 30% 분할매매원칙을 지키면 전체 투자금 손실 폭을 줄여나갈 수 있게 되고 수익 또한 높아지게 된다. 정확하게 매수가와 매도가를 알아낸다는 것은 흔히 말하는 '신의 영역'이기 때문에 "주가는 예측하는 것이 아니고 대응하는 것이다."라는 유명한 격언이 있을 정도다.

개인이 분할매매를 하지 못하는 가장 큰 이유는 매수한 후에 주가가 상승하는 경우, 한꺼번에 다 매수하지 못한 것을 곧 손실을 본 것으로 착각하기 때문이다. 세력(주가를 올리기도, 내리기도 하는 큰손 투자자)이 언제나 내 돈을 노리고 있다는 사실을 잊지 말아야 한다. '묻지 마' 투기가 아닌 원칙을 가진 투자를 할 때 비로소 우리는 세력의 농간에 놀아나지 않는 투자를 하게 되는 것이다.

매수가 대비 +2% 이상 수익 구간으로 세금 수수료를 공제해도 수익이므로 매도 대응 시점으로 보고 매수가 대비 현재가 -2% 이내는 보유하고 현재가 등락에서 -2% 이상 하락한다면 매도 대응 시점으로 본다. 현재가 등락에서 차트, 주봉, 일봉의 추세 분석은 필수다. 분할매매를 통한 수수료 세액 부분은 수익 손실 금액에 비하면 미미하므로 투자금에는 별반 영향을 주지 않는다.

3장

기업 분석
(0512 기업 정보)
창

기업 분석 창은 기본적인 분석을 할 때 필요한 창이라고 보면 된다.

기본적 분석의 핵심은 기업 재무제표다. 기업은 이익 증대를 목표로 한다.

여기서 중요한 것은 기업의 내재 가치가 좋다고 해서 지금 당장 주가 상승 요인이 되지는 않는다는 것이다.

우리는 어떤 상품을 구매할 때 최소한 검색 정도는 하면서 좋은 상품인지, 아닌지, 가격은 적당한지를 따져 보고 구매 여부를 결정한다. 그러나 대개 주식을 매수할 때는 아무것도 따져 보지 않는다.

누군가가 1,000원짜리 주식이 10,000원까지 올라간다고 말하거나 출처도 알 수 없는 소위 '찌라시' 같은 정보에 해당 기업이 흑자 기업인지, 적자 기업인지 알아보기는커녕 곧 망할 기업까지도 아무것도 묻지도, 따져 보지도 않고 '묻지 마 매수'를 한다. 생전 본 적도 없고 알지도 못하는 누군가의 말과 글에 속는다는 생각 한 번 없이 자신의 돈을 투자한다. 이것 또한 개인의 공부가 부족하고 원칙이 없으며 정보력이 부족하기 때문이라고 생각한다. 개인의 정보력은 외국인, 기관이나 세력보다 한정적일 수밖에 없다는 어려움이 있다. 그래서 더욱 꼼꼼하게 따져보고 분할매매와 원칙매매를 해야 한다.

코스피·코스닥에 상장된 기업은 분기별로 실적 발표를 하게 된다. 분기 실적 발표 내용 중에서 최소한의 분석이 필요한 대표적인 내용을 소개한다.

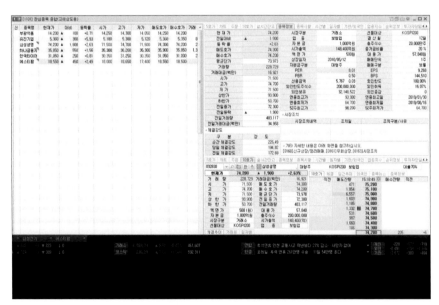

1. 회사개요

코스피·코스닥에 상장된 모든 기업은 금융감독원(금감원)에 분기 실적(3월, 6월, 9월, 12월) 보고서를 각 분기가 끝나는 시점부터 45일 이내에 제출해야 한다. 이를 통해서 개인은 해당 기업별로 금감원에서 발표하는 분기 실적 확정치 자료를 볼 수 있다.

우리나라는 삼성전자 실적 발표를 선두로 하여 분기 영업이익이 좋은 대기업 순으로 실적 발표가 나온다.

회사개요에서는 기업의 설립일자와 존속기간 그리고 해당 자회사뿐만 아니라 지배 지주기업과 종속기업현황 등을 볼 수 있다. 기업의 주가 변동은 종속기업 실적 변수에 따라서도 주가 등락에 지대한 영향을 끼친다. 따라서 지배 지주기업과 종속기업은 꼭 함께 알아 두어야 한다.

2. 회사 연혁

　회사 연혁은 기업 성장성과 기업 가치 분석에 꼭 필요한 것이다. 기업 성장 과정과 보유 기술력 및 특허권 등을 모두 알 수 있다. 이것은 기업 가치와 향후 성장 가능성을 종합적으로 알 수 있게 해 준다.

　회사 연혁만으로도 경영주의 기업 이념을 알 수 있고 경영주의 기업 이념은 기업의 가치와 성장에 지대한 영향을 끼친다.

3. 사업 내용

기업의 사업 내용은 어찌 보면 기업 분석 중에서도 가장 중요한 것이라고 볼 수 있다. 사업 내용을 통해서 기업의 주력 사업은 무엇이며 국내 시장과 해외 시장의 상품 지배력 등을 알 수 있고 주거래 납품처가 어디인지, 얼마만큼 납품하는지를 알 수 있다. 나아가 향후 기업 성장 요인은 무엇이며 위험 요소는 무엇인지, 이러한 것을 어떻게 처리해 나갈 것인지에 관한 정보도 얻을 수 있다.

4. 재무제표

대부분의 개인 투자자가 가장 어려워하는 부분이 기업의 재무제표를 보는 것이다. 너무나 많은 수치 및 계산을 보고 있자면 골머리가 아프다. 그러나 중요한 핵심을 간단하게 보는 방법이 있다. 이것만 보면 된다는 것은 아니다. 최소한 이 정도는 보자는 뜻이다.

① 자산

자산에서는 재고 자산 증가와 하락 여부를 중요하게 살펴봐야 한다. 재고 자산의 증가는 그만큼 상품을 많이 판매하지 못했다는 것이고 이는 재고 자산 보유 증가로 인한 자금 부담률을 크게 하는 요인이다.

반대로 재고 자산이 줄어들었다는 것은 상품을 많이 판매하여 재고 자산으로 인한 자금 부담도 그만큼 줄어들었다는 것을 의미한다. 단, 재고 자산이 줄어들었다고 해서 영업이익도 높아졌다는 것은 아님을 꼭 명심해야 한다.

② 부채

기업의 부채는 여러 종류가 있다. 필자도 무엇이 무엇인지 전부 다 알 수는 없다. 그러나 단기부채가 증가했다는 것은 기업의 자금 흐름이 좋지 못하다는 것을 단적으로 보여 주는 예이다.

기업의 자금 여력이 좋다면 좋은 대출 조건을 바탕으로 싼 이 자로 자금을 빌릴 수 있다. 어떠한 부채든지 부채가 증가한 것은 기업 가치 평가에서 분명 좋지 않다고 볼 수 있다. 그러나 공장의 부지 확장이나 생산 시설 증설 등의 기업 가치 성장을 위한 대출로 생긴 부채는 주가에 영향을 주지 못한다. 오히려 향후 성장 기대감을 통한 주가 상승 요인이 되기도 한다.

단기부채 증가는 어음 만기 도래, 기업의 운영 자금 부족 등 당장 해결해야 하는 급한 자금의 부족으로 발생한다. 즉, 단기부채 증가 여부는 기업 평가의 중요한 변수이며 이는 분기 매출에 따른 영업이익과 직결된다.

③ 자본

자산과 자본은 다른 개념으로서 자산이란 재고 자산까지 포함하여 돈이 되는 모든 것을 말하고 자본은 부채와 재고 자산이 포함되지 않은 돈이다. 간략한 정의로 이렇게 알면 된다.

자본에서는 이익 잉여금을 중요하게 본다. 이익 잉여금이란 기업이 영업이익으로 남은 돈을 주주들에게 환원하지 않고 기업의 성장과 발전을 위한 유보금으로 보유하는 여유 자금을 말한다. 이익 잉여금이 많다는 것은 기업의 여유 자금이 넉넉하다는 것이다. 쉽게 말해서, 은행 통장에 저축한 돈이 많으며 저축한 돈이 많으니 유상 증자나 부채 증가, 재고 자산 부담 등 모든 것으로부터 여유가 있게 된다. 이는 주가 하락의 위험보다는 상승 요인으로 작용할 수 있다.

주식을 매수하기 전에 간략한 기업 분석 정도는 먼저 할 수 있어야 한다. 예를 들어서, 어떤 기업이 3년 동안 영업이익이 적자이거나 부채가 증가하고 자본을 잠식하고 있다면 해당 기업은 절대로 매수하면 안 된다.

HTS 창에서 보이는 지표들을 분석하기에 앞서서 꼭 알아야 할 것이 있다. 한국증권거래소에서 제공하는 기본 베이스 지표는 같지만, 각 증권사에서 제공하는 증권사별 명칭과 지표 값은 다르게 나타날 수 있다는 점이다. 이 책에서 보여 주는 자료는 대우증권(카이로스 HTS)의 분석 지표 창들이므로 다른 증권사의 HTS를 이용하는 사람들은 다른 지표를 볼 수도 있다.

주식 시장 분석과 기업에 대한 분석 전망은 모두가 다르게 분석한다. 각자 자기만의 원칙으로 분석하므로 분석 지표와 분석 방법을 다르게 볼 수 있다는 점을 꼭 염두에 두길 바란다.

우리가 주식을 공부하는 것도 자기만의 투자원칙을 갖기 위함이다. 이것을 기초 공부로 생각하고 실전 매매를 통해서 자신만의 원칙이 생기면 더 많은 산업 지표와 경제 지표 분석을 통해 성공하는 주식투자자가 될 수 있다.

5. 기업 분석 지표(PER, 퍼)

기업 가치 분석(Fundamental) 지표들은 참고용 지표 정도로만 사용한다. 너무 많은 지표 분석은 기업 가치 분석 과정에 혼란을 줄 수 있다. 그러나 개인 투자 성향에 따라서 다르게 평가될 수도 있다. 기업의 내재 가치가 좋다고 해서 이것이 반드시 현재 주가의 상승 요인이 된다고는 할 수 없다.

현재가	88,600	시장구분	거래소	선물대상	KOSPI200
전일대비 ▲	2,400	업 종	전기전자	결 산 월	12월
등락률	+2.78	자 본 금	3,735억원	총주식수	7,469만주
매도호가	88,600	시가총액	66,179억원	증거금비율	20%
매수호가	88,500	액 면 가	5,000원	대 용 가	63,780원
평균단가	87,666	상장일자	1979/02/27	매매단위	1주
거래량	372,084	자본금구분	대형주	매매구분	보통
거래대금(백만)	32,619	PER	10.20	EPS	8,685
시가	86,200	PBR	1.39	BPS	62,126
고가	88,800	신용금액	140,416 2.12	외인한도	100.00%
저가	86,200	외인한도주식수	74,693,696	외인취득	18.42%
상한가	112,000	외인보유	13,765,277	외인증감	0
하한가	60,400	연중최고가	119,000	연중최고일	2019/04/18
전일종가	86,200	연중최저가	84,100	연중최저일	2019/08/07
전일등락 ▲	1,100	52주최고가	164,500	52주최저가	84,100
전일거래량	831,649				
전일거래대금(백만)	71,714				

① PER

현재 주가가 주당 순이익의 몇 배인가를 나타낸다.

② PBR

주가가 자본+이익 잉여금+자본 잉여금의 몇 배인가를 나타낸다.

③ EPS

주당 순이익(순이익/주식 총수)이 높을수록 좋다.

④ BPS

주당 자산 가치(순수 자산/총주식 수)가 높을수록 좋다.

관종 종합(1101) 창에서 분석하면 쉽게 알 수 있다.

" 확실한 수익을 보장해 주는 주식 시장은
세상 어디에도 없다. **"**

4장

손절범위와
수익 실현
관리

개인은 매수 후에 추가 하락하고 매도 후에 추가 상승하는 주가 등락에 따른 아무런 대응을 하지 못한다. 이것은 개인이 분할매수·분할매도를 하지 못하고 한 번에 올인하는 매수·매도를 하기 때문이다. 투자금에 따른 30% 분할매수는 주가 하락에 대응할 수 있고 보유 주식의 30% 분할매도를 할 수 있으므로 상승 시 추가 수익을 높일 수 있다. 매수 후 -2% 이하의 하락 시에는 손실 매도 대응을 할 줄 알아야 하고 +2% 이상의 상승 시점부터는 수익 구간으로 간주하고 30% 수익 실현을 할 줄 알아야 한다.

1. 투자금 관리

투자금에서 목표 금액의 달성을 초과한 수익은 인출하는 방식으로 투자금 관리를 할 줄 알아야 한다. 수익을 관리할 줄 모르면 투자금을 관리할 수 없게 된다.

주가 변동 사이클의 성장기 구간은 투자금 확대 구간으로, 이때는 투자금의 규모를 늘리는 것이 좋다.

2. 수익과 손절범위 설정

수익과 손절범위 구간은 투자금의 ±2% 구간으로 한다.

초보 개인 투자자는 언제 팔고 언제 사야 하는지 결정하는 것을 어려워한다. 분할매수·분할매도를 하지 않으니 어려운 것이다. 분할매매를 하게 되면 내가 팔고 나서 주가가 올라가도 상관이 없다. 남아있는 물량을 팔면 되기 때문이다.

매수 또한 마찬가지다. 내가 매수하고 나서 주가가 하락한다면 이 또한 보유 자금으로 추가로 매수하면 된다.

문제는 개인이 한 번에 매수·매도를 하고 만다는 것이다.

30% 분할매매는 꼭 지켜야 하는 중요한 원칙이다.

분할매수와 매도에 따른 세금과 수수료, 손실 부분의 비중은 추가 수익 손실범위에 비하면 크지 않다. 또한, 분기매매를 하므로 추가 매수와 추가 매도 횟수는 많지 않다.

5장

매수하면
안 되는 종목

주식투자는 개인이 기업을 매수하는 주식의 수만큼 쪼개어서 나눠 가진다고 보면 된다.

　그러면 내가 돈을 주고 사는 기업이 상품 가치도 없고 장사도 잘 안되며 자금도 없고 부채도 많아서 아무도 관심이 없는 기업이라면 개인이 매수할 필요가 없다는 결론이 나온다.

　앞서 말한 기본적 기업 분석을 통해서 이러한 기업을 선별할 수 있다.

　특히 3년 연속 영업이익 적자 기업 증거금 100% 종목(HTS 창에 나타난다)이거나 현재 주가가 고점에 있는 기업(주가 변동 사이클에서 알 수 있다)들은 절대로 매수하면 안 되는 종목들이다.

1. 기관이 매매하지 않는 종목

주식투자 주체 세력은 크게 개인, 외국인, 기관(금융 투자, 보험, 은행, 투자 신탁, 기타 금융, 연기금, 사모펀드)으로 분류할 수 있다. 여기서 말하는 외국인은 외국에 등록된 국내 투자 기관 또는 개인을 검은머리 외국인이라고 부른다. 기관의 매수가 없는 개인과 검은머리 외국인의 관심을 받는 기업은 매수하면 안 된다. 어떠한 기업이든지 기관의 관심이 있어야 한다.

2. 투자 가치가 없는 기업

　실질적인 기업 가치가 낮다고 판단해서 증권사에서 투자자에게 신용 거래, 미수 거래를 할 수 없게 만든 종목을 증거금(현금) 100% 종목으로 분류한다. 기업 가치가 낮다 보니 총 주식 수를 현재가와 곱해도 시가 총액이 5,000억 원이 되지 않는 기업과 너무 많은 주식 수 발행으로 총 주식 수가 1,500~2,000만 주 이상인 종목들, 호가 창에서 10원 이하로 등락하는 동전주들은 투자 가치가 없는 기업들이다. 그러나 삼성, 현대와 같은 그룹주와 국민, 신한 금융과 같은 금융 그룹주들은 이러한 대상에서 제외한다.

3. 매출과 영업이익이 적자인 기업

매출액이 증가한 기업이라도 영업이익이 감소할 수 있고 법인세 증산 후에는 실질적인 영업이익은 더 큰 폭으로 감소할 수 있다. 반대로, 매출은 감소했지만 자산 매각, 금융 소득, 자회사 매출 실적 증가 등으로 영업이익이 증가할 수도 있다. 여기서 말하는 영업이익 적자 기업은 3년 연속 적자 기업과 분기 실적 적자 기업을 말한다. 분기 실적 적자 기업은 분기 실적이 발표되기 전까지 주가가 선반영되므로 계속 하락한다고 보면 된다. 여기서 중요한 것은 예가(적정 예상 가격) 이하로 주가가 하락하는 것에는 개인이 알 수 없는 악재가 숨어있다는 사실이다. 이때는 해당 악재가 발표되기 전까지는 절대로 매수하면 안 된다.

4. 경쟁력이 없고 시장 점유율이 낮은 기업

기본적 기업 분석 내용을 통해서 사업 내용을 분석할 수 있다. 기업이 공시하는 사업 내용을 보면 자사만이 보유한 특허 기술, 세계 시장에서 경쟁력 있는 상품, 국내 시장과 국제 시장에서의 시장 점유 비율, 기업의 향후 추가 성장 동력이 되는 기술력 등을 알 수 있다. 이러한 것들을 보유한 기업의 주식을 매수해야 한다. 물론 모든 기업이 사업 공시 내용을 정직하게 발표하지는 않는다. 성장성이 있는 기업인 것처럼 허위 공시를 할 수도 있다. 투자자는 이러한 기업 가치의 옥석을 가릴 수 있어야 한다. 그렇지 못한 기업은 일시적인 주가 등락은 있을지 몰라도 결국 주식 시장에서 좋은 기업으로 살아남지는 못한다.

미래 신성장 동력 산업으로는 5G, 인공지능, OLED, 헬스케어 산업, 제약 바이오 산업 등이 있다. 개인이 주식투자를 할 때는 너무 많은 종목을 분석할 필요가 없다. 성장성이 있는 기업을 관심 종목군으로 두고 적정 매수 가격이 올 때까지 기다릴 줄 아는 것이 원칙매매다.

5. 거래처가 다양하지 않은 기업

납품 회사의 비율이 한 곳에 과다하게 집중된 기업에는 투자하지 않는 게 좋다.

예를 들어서, 타이어를 생산하는 한국 타이어 기업이 자사가 생산하는 타이어의 70% 이상을 현대자동차에 납품한다고 가정해 보자. 한국타이어의 주가는 현대자동차의 매출에 따라서 웃고 울고 할 수 있다.

반대로, 만약에 르노삼성자동차, 대우자동차, 쌍용자동차 등에 골고루 납품 비중을 두고 있다면 한국타이어 자사 악재가 아닌 납품처 노사 분규 등으로 인한 경영 실적 악화, 기업 악재에 의한 손실 위험은 분산할 수 있다.

지금과 같은 미·중 무역 분쟁 속에서 내수 소비가 없는 수출 주도 기업이라면 정부 방침에 따른 내수 활성화 정책에 대한 아무런 혜택을 받지 못하기 때문에 기업의 주가는 하락 또는 소폭 등락의 횡보 지점에 머물러 있게 된다.

제아무리 침체된 경기 속에서도 성장하는 기업은 있다.

원칙매매를 할 수 있을 때까지 조심해야 한다.
초보 개인 투자자는 원칙매매를 할 수 있을 때까지 조심하고 또 조심해서 자신의 자금을 지킬 줄 알아야 한다.

Part 2

HTS

Home　　Trading　　System
홈　　　　트레이딩　　시스템

개인이 직접 주식투자를 하기 위해서는 반드시 HTS 분석 지표 창들을 분석할 줄 알아야 한다. 지수 분석과 업종 분석, 종목 분석, 차트분석, 기업 분석 등의 기본적인 창을 분석할 줄 안다면 개인 투자자도 충분히 혼자 투자할 수 있다.

증권사에서 제공하는 HTS 거래 지표는 한국증권거래소에서 제공하는 각종 지표를 증권사별로 투자 고객이 알기 쉽게 분류해서 제공하는 자료이다. 그러므로 증권사별 HTS가 제공하는 지표 창들의 명칭과 내용이 다소 다를 수는 있지만, 나타내는 기본값은 모두 같다고 볼 수 있다.

HTS 분석방법에서 중요한 것은 코스피·코스닥 종합 지수와 세력(외국인, 기관)의 수급 변화를 먼저 분석하고 업종수급 변화를 분석한 후 매수 종목을 찾고 지수와 업종 종목의 차트분석과 기업 분석을 하는 순서를 익혀야 한다는 것이다.

꼭 이러한 순서대로 할 필요는 없지만, 초보 투자자는 먼저 시장의 큰 흐름을 읽을 줄 알아야 한다. 주식투자는 흔들리지 않는 자기만의 투자원칙이 있을 때 비로소 성공한다. 자기만의 투자원칙이 생길 때까지는 이러한 것을 기초로 하라는 뜻이다.

또한, 종목은 업종을 이길 수 없고 업종은 지수를 이길 수 없으므로 시장을 분석할 때는 이러한 방식으로 분석한다.

즉, 다음의 원칙을 항상 명심한다.

지수＞업종＞종목

개인의 투자가 실패하는 가장 큰 이유 중의 하나도 지수와 업종의 분석 없이 개별 종목과 주가의 등락에 대해 분석만 하므로 시장의 방향성을 못 보기 때문이다.

" 실패에 대한 분석만이
성공적인 투자자가 되는
유일한 방법이다. **"**

1장

업종수급과
주포분석은
이렇게

주가 상승에는 여러 요인이 있지만, 그중에서도 외국인, 기관, 세력의 매수 증가 요인이 가장 크다고 할 수 있다. 기업 실적이 아무리 좋아도 세력이 매도한다면 주가는 하락한다. 반대로 아무리 실적이 좋지 않은 기업도 세력의 매수량 증가가 있다면 주가는 상승한다.

즉, 세력의 수급이 있는지, 없는지가 주가 등락에 중요한 요인이 될 수 있다. 다음에 나오는 HTS 지표 창들은 세력의 코스피·코스닥 지수종합수급과 업종수급을 분석할 수 있는 HTS 지표 창들이다.

HTS 지표 창을 분석할 때는 독립 창 분석과 연결될 수 있는 여러 창을 함께 분석한다. 이렇게 함으로써 정확도를 높일 수 있다. 주식에 투자하는 사람이 꼭 알아야 하는 가장 기초적인 분석 창이다. 이것도 분석할 줄 모르거나 분석하지 않는다면 주식투자는 하지 않는 것이 좋다. 기초도 없는 사람이 기초적인 분석도 하지 않고 어떻게 수익을 내겠는가.

세력(외국인, 기관)의 매수량 증가가 반드시 현재 주가의 상승 요인이 되는 것은 아니다. 현재 주가가 하락하는 시점에서 물량을 확보하는지, 상승 시점에서 물량을 확보하는지를 분석할 줄 알아야 한다. 즉, 세력의 추세 방향을 분석할 수 있어야 한다.

1. 투자자 업종별 매매현황(O257)

외국인과 기관, 세력의 날짜를 지정하여 분기별, 월별, 일별, 코스피·코스닥 지수종합의 수급 현황과 업종별 매수·매도 수급 현황을 분석할 수 있는 시장 종합 기초 분석을 위한 자료를 볼 수 있다.

[0257] 투자자 업종별 매매현황

매매현황 | 매매비중 | 시장별시간현황 | 일별매매 | 순매매현황 | 기간별매매 | 업종별매매 | 전체시장시간현황

○코스피 ○코스닥 　○수량 ●금액 　○당일 ○기간 2019/09/09 ~ 2019/09/16 　단위 주식 : 억원(천주), 선물/옵션 : 계약 　조회

업종명	개인	외국인	기관계	금융투자	보험	투신	은행	기타금융	연기금등	사모펀드	기타법인
KOSDAQ	+173	+199	-386	+82	-70	-181	+2	-15	-48	-156	+11
기타서비스	-152	+142	+29	+10			-1		+11	+11	-19
IT 종합	+349	+63	-439	-10	-60	-190	-1	-8	-30	-140	+27
제 조	-19	+45	-34	+43	-20	-39	+4	-1	-1	-20	+8
건 설	-13	+9	+1	+1							+2
유 통		-60	+61	+19	+11	+55			-32	+8	-4
운 송	+1	-1									
금 융	+2	+4	-2	+4	.	-2		-1	-5	+1	-4
통신/방송	+18	-10	-6	+13	-2	-14			+4	-6	-2
IT S/W & SV	+56	-24	-67	+8	-14	-50			+13	-24	+34
IT H/W	+274	+98	-366	-32	-45	-125		-7	-46	-109	-6
음료료담배	-2	+2	-3	-1					+4	-6	-2
섬유/의류	-8	+7		+6		-3			-1		
종이/목재	+1	+1	-2							-1	
출판매체			-1			-1					+1
화 학	+5	+17	-18	-13	-4	+2			+1	-4	-5
제 약	-61	-2	+64	+28		+8	+4		+25		
비 금 속		+7	-6	-1		-3			+3	-4	-1
금 속	-16	-1	+16	+3	-1	+1			+3	+9	+1
기계 장비	-45	+80	-27	+5		-16			-3	-10	-6

일간리포트(9730) 창에서 전체 고객 예탁금과 신용 잔고와 대차 잔고 분석을 함께 실시한다.

2. 전체업종지수(0152)

코스피·코스닥 업종별 구성 종목과 당일 업종 등락, 종목 등
락을 볼 수 있다.

업종	지수	전일대비	등락률	거래량(천주)	거래비중		종목명	현재가	전일대비	등락률	시가총액(억)
종합	2,058.65	▲ 9.45	+0.46	465,709	100.00		삼성전자	46,900	▼ 250	-0.53	2,799,828
대형주	2,010.98	▲ 6.23	+0.31	67,654	14.53		SK하이닉스	79,600	▼ 3,000	-3.63	579,489
중형주	2,200.07	▲ 24.69	+1.13	43,417	9.32		삼성전자우	39,050	▼ 150	-0.38	321,337
소형주	1,861.69	▲ 24.78	+1.35	350,062	75.17		현대차	127,500	▼ 1,500	-1.16	272,426
음식료업	3,431.84	▲ 47.25	+1.40	28,550	6.13		NAVER	154,000	▲ 500	+0.33	253,812
섬유의복	282.51	▲ 2.15	+0.77	19,355	4.16		현대모비스	243,500	▼ 4,000	-1.62	232,071
종이목재	360.77	▲ 5.00	+1.41	6,734	1.45		LG화학	324,500	▲ 500	+0.15	229,072
화학	4,593.14	▲ 49.32	+1.09	66,138	14.20		셀트리온	170,500	▲ 1,500	+0.89	218,813
의약품	9,039.80	▲ 48.73	+0.54	6,322	1.36		POSCO	238,000	▲ 2,000	+0.85	207,504
비금속광물	1,625.70	▲ 39.44	+2.49	17,102	3.67		신한지주	43,050	▲ 800	+1.89	204,142
철강금속	3,962.70	▲ 35.68	+0.91	15,068	3.24		LG생활건강	1,287,000	▲ 7,000	+0.55	201,006
기계	753.65	▲ 15.53	+2.10	29,728	6.38		삼성바이오로	292,000	▼ 1,000	-0.34	193,201
전기전자	17,154.0	▼ 138.58	-0.80	54,815	11.77		SK텔레콤	239,000	▲ 1,000	+0.42	192,982
의료정밀	2,643.60	▲ 49.33	+1.90	35,489	7.62		KB금융	44,650	▲ 950	+2.17	186,686
운수장비	1,605.55	▼ 4.66	-0.29	21,545	4.63		기아차	43,800	▼ 300	-0.68	177,549
유통업	355.83	▲ 3.90	+1.11	85,240	18.30		삼성물산	90,400	▲ 1,600	+1.80	171,479
전기가스	835.46	▲ 3.32	+0.40	1,585	0.34		한국전력	25,450	▼ 100	-0.39	163,379
건설업	101.94	▲ 4.22	+4.32	19,724	4.24						

TIP

업종 구성 종목은 시가 총액 상위 순서로 보인다. 이것은 업종별 대장주를
한눈에 볼 수 있게 해 준다.

3. 종목별 외국인/기관 매매현황(0260)

종목별 개인과 외국인, 기관의 수급과 거래량, 매수·매도 주포 세력을 볼 수 있는 창이다.

일자	종가	전일대비	등락률	거래량	개인	외국인	기관계	금융투자	보험	투신	기관 은행	기타금융	연기금등	사모펀드	기타법인	기타외국인
2019/09/16	74,100	1,800	+2.49	229,675												
2019/09/11	72,300	1,900	+2.70	483,117	-3,605	-8,323	+12,012	+3,109	+240	+2,216	-116	-125	+5,535	+1,153	-73	-10
2019/09/10	70,400	900	+1.29	280,366	-53	-5,325	+5,379	-173	+53	+822	-106		+4,629	+155		-1
2019/09/09	69,500	1,300	+1.91	197,447	-2,659	-1,957	+4,742	+376	+12	+261	+719	+1	+2,668	+705	-94	-31
2019/09/06	68,200	800	-1.16	120,661	+1,105	-2,189	+1,117	+462	-304	+77			+828	+53	+14	-47
2019/09/05	69,000	1,300	+1.92	263,439	-1,558	+680	+842	-30	-146	+42	+478	-4	+575	-73	+34	+1
2019/09/04	67,700	100	+0.15	158,988	+823	-3,112	+2,267	+2,185	-62	-855	+291		+758	-11	+2	+1
2019/09/03	67,600	700	-1.02	165,685	+713	-2,657	+1,940	+263	-87	+55	+102		+1,303	+304	+1	+3
2019/09/02	68,300	100	+0.15	105,436	-327	-1,201	+1,528	+167	+51	-14	+205	+4	+1,313	-198		+1
2019/08/30	68,200	1,700	+2.56	218,641	-2,119	-538	+2,659	+325	+65	-2,016	+300	+2	+2,017	+1,967		-2
2019/08/29	66,500	500	-0.75	171,274	+960	-1,516	+544	-756	+277	-541	-6		+2,152	-583	+10	+1
2019/08/28	67,000	600	+0.90	195,946	-322	-2,365	+2,687	-1,131	-36	+668	+67		+2,622	+497		
2019/08/27	66,400	600	+0.91	305,656	-501	-2,015	+2,515	-371	+15	+31	+136		+2,316	+587	+1	
2019/08/26	65,800	500	-0.75	135,600	-617	-219	+836	+120	+75	+82	-65	+7	+517	+101		-1
2019/08/23	66,300	300	-0.45	183,944	-203	-575	+778	-541	+1,089	-328	-66	-8	+798	-164	+6	-6
2019/08/22	66,600	100	+0.15	169,515	+347	-1,552	+1,167	-640	-62	+467	-67	-2	+1,479	-8	+42	-3
2019/08/21	66,500	100	+0.15	181,752	-103	+132	+20	-893	-136	+86	+72		+1,368	-476	-52	+2
2019/08/20	66,400	300	+0.45	164,232	+1,092	-813	-312	-939	+176	-50	-52	+142	+205	+106	+30	+3
2019/08/19	66,100	1,100	+1.69	145,921	-591	-1,262	+2,239	+993	+19	+1	-118	+21	+1,162	+222	+13	-4
	평균단가 기간설정 1개월간 ▼		매수단가		67,504	66,150	66,425	68,281	66,120	58,364	68,182	66,804	66,025	68,633	53,184	67,356
2019/08/16 🗓 ~ 2019/09/16 🗓			매도단가		68,002	66,458	66,916	67,782	67,703	68,034	58,992	70,108	66,043	67,039	69,220	69,074

주포 세력이 누구냐에 따라서 종목 추세 방향과 상승, 하락의 등락을 예측할 수 있는 중요한 분석 창으로서 종합차트(0260) 주봉 캔들과 5평 값 추세를 같이 분석한다.

4. 종목별 거래원 누적매매상위(0212)

종목별 매수·매도 세력 주체와 기간별 거래 누적량을 알 수 있다.

[0212] 종목별 거래원 누적매매상위							
당일주요거래원	종목별 거래원 일별 매매현황		종목별 거래원 누적매매상위		종목 일별 거래원상위		거래원 매물대분석

삼성전자 | 기간거래량 113,071,810 | 기간 직접입 | 2019/08/29 ~ 2019/09/11 | 조회

	순 매 도 상 위				순 매 수 상 위		
거래원	매수량	매도량	순매도상위	거래원	매수량	매도량	순매수상위
UBS	4,716,553	11,338,569	6,622,016	메리츠증금	2,809,587	792,264	2,017,323
키움증권	3,182,473	4,752,946	1,570,473	CLSA	7,565,946	5,895,037	1,670,909
삼성증권	5,023,200	6,232,723	1,209,523	한투증권	4,872,162	3,471,714	1,400,448
메릴린치	4,500,435	5,615,225	1,114,790	미래에셋대우	8,018,505	6,640,622	1,377,883
JP모간	4,170,504	4,959,082	788,578	CS증권	5,698,147	4,356,553	1,341,594
신영증권	1,804,491	2,379,481	574,990	맥쿼리	2,663,291	1,506,195	1,157,096
CIMB	166,826	504,417	337,591	KB증권	4,709,626	3,731,242	978,384
도이치	174,868	421,141	246,273	씨티증권	3,487,835	2,621,248	866,587
노무라	700,100	943,290	243,190	한화증권	6,731,063	6,095,444	635,619
유안타증권	1,108,762	1,351,046	242,284	하나금투	1,897,939	1,264,168	633,771
케이프	45,880	277,811	231,931	신한금투	5,811,700	5,331,594	480,106
HSBC증권	162,303	376,439	214,136	BNP증권	608,977	334,383	274,594
대신증권	748,394	942,707	194,313	코리아RB	230,071	42,719	187,352
BNK증권	747,586	888,949	141,363	다이와	210,133	48,733	161,400
모건스탠리	6,324,808	6,464,134	139,326	유진증권	1,660,641	1,499,600	161,041
하이투자	3,504,020	3,640,194	136,174	바로투자	201,163	47,286	153,877
SK증권	376,189	484,627	108,438	리딩투자	189,538	50,187	139,351
현대차증권	111,966	185,355	73,389	KTB증권	367,092	263,787	103,305
DB금투	236,425	296,687	60,262	SG증권	589,415	498,041	91,374

TIP

업종 매매(0257)에서는 매수 주체 세력과 투자일별(0260) 종목 매수 주체 세력이 같아야 한다. 업종 매수 주체 세력이 외국인이면 종목 매수 상위 주체가 외국인이 되어야 업종수급이 종목수급과 같다고 볼 수 있다. 만약 업종수급 세력(외국인)과 종목수급 세력(기관)이 다르다면 수급 주포 세력이 다른 종목을 매수하는 것으로써 현재 종목은 주가 상승에 어려움이 있다.

5. 주식매매 가이드(0880): 종목 외국인/기관 동향

종목별 개인과 외국인, 기관의 기간 누적량, 평균 매수·매도 금액을 알 수 있다.

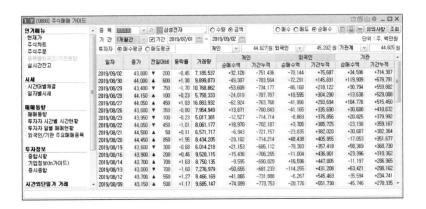

기간별 세력의 매수가와 매도가를 분석하므로 수익 구간(+10% 이상)에 따른 매도와 매수 적정가(+2%~3% 이하 상승)를 분석해 볼 수 있다.

6. 외국인/기관 매매추이(0262)

외국인과 기관, 프로그램 매물의 기간별 누적 거래량과 가격
등락선을 보여 준다.

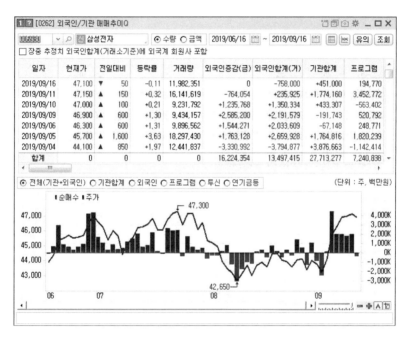

세력의 분기 누적량과 가격 변동선을 분석하는 창으로서 세력의 매수·매
도 누적량을 분석하므로 추후 주가 방향을 분석할 수 있다.

7. 분석 결과

앞에서 소개한 창들은 주식을 매수하기 전에 지수와 업종별 세력 수급을 분석하고 업종수급에 따른 종목 분석을 할 수 있는 창으로서, 지수와 업종수급에 따른 등락을 먼저 분석하고 매수 기업 종목을 선택한다.

주식투자는 시장의 큰 흐름을 분석할 수 있어야 회복기나 성장기 시점에서 편안한 투자를 할 수 있게 된다.

지수수급과 업종수급, 지수 차트, 업종 차트분석은 함께 한다.

2장

차트분석(0520)은
이렇게 하자

기업 분석이 기본적인 분석이라면 차트분석은 기술적인 분석으로 본다. 가격 등락과 거래량 분석, 수급분석, 주포분석 등 기본적 분석과 기술적 분석은 꼭 함께 할 수 있어야 한다.

　주식은 추세의 흐름이다. 이 말은 상승하는 주식은 세력의 목표 가격까지 상승하고 하락하는 주식은 세력의 수급(매수) 반등 전까지는 하락한다는 뜻으로 월봉 예가(적정가) 기준으로 현분기 영업이익을 포함한 예가 이하의 현재가 하락은 발표되지 않고 숨어있는 악재가 있다는 것이다.

　아무리 좋은 기업도 현재 주가가 너무 고점에 있다면 매수하지 않는다. 이러한 차트분석의 첫째 조건은 코스피·코스닥 지수, 월봉, 주봉, 일봉의 예가와 주가 변동 사이클을 분석할 줄 알아야 하는 것이다. 업종과 종목 또한 지수 분석과 같은 방식으로 주가 변동 사이클을 분석할 줄 알아야 적정 주가 또는 저평가된 가격에서 회복기 시점과 상승기 시점의 종목을 찾아낼 수 있게 된다.

1. 월봉차트

월봉차트는 주가 기준선이다. 2분기 방향성으로 20일선과 60일선의 정배열과 역배열에 따라서 연중 주가 추세 방향을 분석할 수 있다.

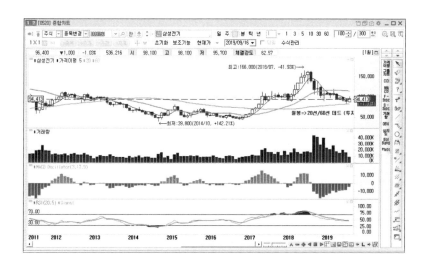

월봉 예가 공식은 다음과 같다.

전고점 이후 하락 횡보 최저점 5평 값+최고점 5평 값=값 ·/· 2=예가값

20일선/60일선 데드크로스[4] 지점부터는 투자주의 구간이다. 만약 코스피·코스닥 지수가 이러한 구간이라면 초보 투자자는 절대로 주식을 매수하면 안 되는 구간이다.

HTS(0520 종합차트)에서 차트 변환을 업종으로 하고 지수 차트, 업종 차트와 월봉, 주봉, 일봉과 예가값을 지정하고 현재 주가 변동 사이클(상승, 하락, 침체, 회복) 위치에 맞게 투자한다.

---

4) 약세전환 지표.

2. 주봉차트

주봉차트는 추세선으로서 분기 방향성을 나타낸다. 20일선
과 60일선의 정배열과 역배열에 따라서 분기 주가 추세 방향을
알 수 있다.

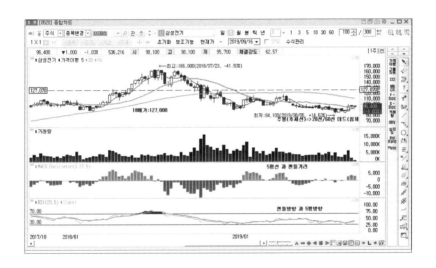

주봉 예가 공식은 다음과 같다.

전년도 종가 기준 최저점 값+최고점 값=값 ·/· 2=예가값

20일선/60일선 데드크로스 지점은 침체기 구간으로 월봉에
서 투자주의 구간에 앞선 신호로 볼 수 있다. 침체기 구간에서

는 매수하지 않고 기다릴 줄 아는 것도 손실을 보지 않는 매매 원칙이다.

주봉에서 침체기 구간이 오기 전 일봉 하락기(20일선/60일선 데드크로스)에 주식을 매도하고 자금을 보유했다가 회복기를 확인하고 매수하면 된다. 이렇듯 차트 하나를 분석하더라도 어떻게 읽어 내느냐 하는 것이 중요하다.

현재가 등락은 주봉 5평선 이하 20일선과 60일선의 데드크로스 시점부터 추세 하락이므로 저점 바닥을 확인하기 전까지는 매수하지 않는다.

3. 일봉차트

일봉차트는 당월 주가 방향성으로서 매수·매도의 가격 결정선을 나타낸다. 캔들이 5일선 상승 또는 하락하는 등락에서 5일선이나 20일선 데드크로스 또는 골든크로스에 따라서 주가의 하락과 상승, 반등을 나타낸다.

20일선과 60일선의 정배열과 역배열에 따라서 당월 주가 추세 방향을 분석할 수 있다.

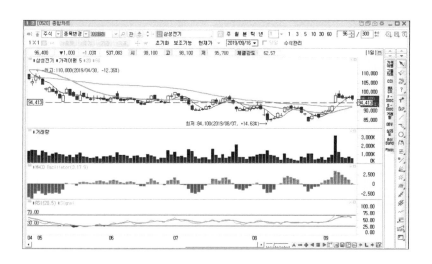

일봉 예가 공식은 다음과 같다.

전분기 종가 기준 최저점 값+최고점 값=값 ·/· 2=예가값

20일선/60일선 데드크로스 지점은 주가 하락기 신호로서 주봉 침체기 구간이 오기 전에 앞서서 나타나는 신호다. 이때는 보유한 주식을 매도하는 시점으로 보고 추가 매수보다는 매도를 해야 하는 시점이다.

기업 분석보다 더 중요한 것이 적정 매수 가격이다. 기업 분석이 당연히 해야 하는 것이라면 적정 매수가 분석은 반드시 해야 하는 '원칙'이다. 아무리 좋은 성장 기업이더라도 현재 주가가 고점에 있다면 매수하지 않는다.

월봉과 주봉, 일봉차트 예가를 분석하면 주가의 방향성이 나타난다. 주가는 언제나 예가를 중심으로 분기 실적과 외부 변수에 따라서 등락한다고 볼 수 있다.

차트 꿀팁

※ 차트 월봉 기준으로 상승 및 등락 기간은 몇 년간 지속되나?

: 상승 시점으로부터 1년 6개월 정도이며 하락 및 횡보의 끝은 알 수 없다.

※ 차트 주봉 기준으로 상승 및 하락, 등락 주기 변화는 어떻게 되는가?

: 주봉에서는 연중 저점과 고점이 등락의 차이는 있지만, 2회 정도로 이루어진다.

※ 차트 일봉 기준으로 상승 및 하락, 등락 주기 변화는 어떻게 되는가?

: 일봉차트의 등락 변화는 주봉차트 추세를 보고 나서 판단한다.

3장

HTS
분석방법과
내용설명 정리

증권사에서 제공하는 HTS 분석 창들은 너무 광범위하고 다양하다.

여기서는 지수를 분석하고 업종을 분석하며 종목을 분석하는 것은 물론이고 매수 종목을 찾을 때 유용하게 볼 수 있는 HTS 분석 창들을 요약해서 초보자가 어떻게 이해하고 분석해야 하는지를 알 수 있게 정리해 두었다.

모쪼록 이것만 분석하면 성공적으로 투자 수익을 볼 수 있다는 것은 아니지만, 손실을 보지 않는 원칙매매를 하기 위해서는 이 정도 분석은 반드시 할 줄 알아야 한다.

1. 해외증시종합(0503)

나라별 증시 현황을 볼 수 있다.

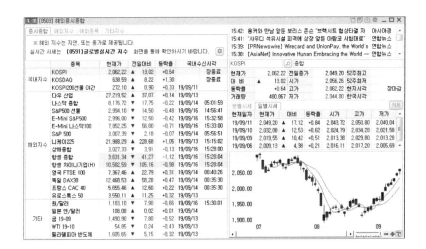

해외증시 분석을 통해서 우리나라의 주가 방향을 예상할 수 있다. 우리나라는 미국 다우 지수와 나스닥 지수, 중국 상해 종합 지수와 원·달러 환율에 직접적인 영향을 받는다. 해외증시 변화는 국내증시 변화에 중요한 길잡이 역할을 한다.

2. 시장종합(0200)

당일 시장의 등락 현황을 알 수 있다.

[0200] 시장종합										

조회일	2019/09/16	KOSPI 등락	상승	649 (↑	1)	하락	191 (↓	) 보합	52	전체차익순매수	28,785
조회시간	장마감	KOSDAQ등락	상승	843 (↑	4)	하락	367 (↓	) 보합	98	전체비차익순매수	117,654

시장지표	지수	대비	등락률	거래량(천주)	거래대금(백만)		해외동향	현재가	전일대비	등락률	한국시간
KOSPI	2,062.22	▲ 13.02	0.64	480,867	5,293,654						
KOSPI200	272.02	▲ 1.18	0.44	97,106	3,939,971		다우 산업	27,219.52	▲ 37.07	0.14	09/13
KOSDAQ	638.59	▲ 8.22	1.29	610,346	3,169,947	해외					
KOSDAQ150	942.51	▲ 21.60	2.35	67,468	1,027,738	지수	니케이225	21,986.29	▲ 228.68	1.05	09/13 15:15:02
시장지표	지수	대비	등락률	거래량	미결제약정	⚙	상해종합	3,026.95	▼ 4.29	-0.14	09/16 15:26:21
코스피200 F 201912	271.90	▲ 0.70	0.26	162,075	308,464		심천종합지수	1,681.23	▲ 9.69	0.58	09/12
CME 야간선물	271.80				0		대만 가권	10,827.55	▲ 37.20	0.34	09/12
C 201910 270.0	4.50	▲ 0.51	12.78	16,724	19,997	환 율	원/달러	1,183.10	▼ 7.90	-0.66	09/16 15:30:01
P 201910 270.0	3.14	▼ 0.31	-8.99	30,171	13,072		일본 엔/달러	108.08	▲ 0.02	0.01	09/14
변동성지수(V-KOS	14.50	▲ 1.00	7.41		0	원자재	WTI 19-10	54.85	▼ 0.24	-0.43	09/13

매매동향	거래소(억)		코스닥(억)		선 물(억)		콜옵션(억)		풋옵션(억)	
장마감	순매수	총누적	순매수	총누적	순매수	총누적	순매수	총누적	순매수	총누적
개인	-458	44,594	+139	53,079	-1,265	56,643	+22	768	-25	795
외국인	-1,596	36,582	+233	6,551	+1,326	145,362	-6	1,930	+17	2,291
기관계	+1,987	23,951	-386	3,386	+112	17,520	-18	190	+17	185
	-501	7,225	+84	1,002	+25	12,647	+8	150	+44	144
보험	-170	1,406	-70	170	+18	372		0		0
투신	+29	2,753	-187	805	+126	2,078	-26	36	-27	41

당일 코스피·코스닥 지수 등락과 상승 및 하락 종목, 외국인, 기관과 개인 수급을 모두 볼 수 있다. 시장의 등락 현황을 한눈에 볼 수 있는 창이다.

3. 투자자 업종별 매매현황(0257)

당일 업종의 수급과 누적 수급을 분석할 수 있다.

업종명	개인	외국인	기관계	금융투자	보험	투신	은행	기타금융	연기금등	사모펀드	기타법인
KOSDAQ	+138	+233	-365	+85	-70	-187	+2	-15	-44	-155	+13
기타서비스	-161	+148	+33	+12		+2	-1		+11	+10	-19
IT 종합	+338	+72	-439	-9	-60	-195	-1	-8	-26	-140	+28
제 조	-29	+57	-33	+41	-20	-37	+4	-1	-1	-20	+6
건 설	-12	+9	+1	+1							+2
유 통	-1	-59	+61	+20	+11	+54			-32	+8	-3
운 송	+1	-1									
금 융	+2	+5	-2	+4		-2		-1	-5	+1	-4
통신/방송	+19	-11	-6	+13	-2	-15			+4	-6	
IT S/W & SV	+53	-22	-67	+9	-14	-54			+17	-23	+36
IT H/W	+266	+105	-365	-31	-45	-126		-7	-46	-109	-6
음식료담배	-2	+2	-3			-1			+4	-6	-1
섬유/의류	-8	+7		+6		-3			-1		
종이/목재	+1	+1	-2							-1	
출판매체			-1			-1					+1
화 학	+6	+18	-17	-13	-4	+3			+1	-4	-6
제 약	-59	-3	+63	+28		+7	+4		+25		
비 금 속		+7	-6	-1		-3			+3	-4	-1
금 속	-15	-2	+16	+3	-1	+1			+3	+9	+1
기계장비	-47	+83	-27	+4		-16		-1	-3	-10	-7

세력의 증시 종합과 업종별 누적 수급을 분석할 수 있는 창으로서 세력의 수급 현황을 분석하면 현재 주가 등락에 대한 방향을 분석할 수 있다. 또한, 당일 주가 등락의 변화에 대응할 수 있게 된다.

분기별이나 월별, 2주나 1주 단위의 수급 변화를 분석하면 코스피·코스닥을 종합한 업종별 투자 종목을 분석할 수 있는 기초 분석 창이다.

4. 종합차트(0520)

코스피·코스닥 지수를 월과 주, 일 단위로 분석하고 업종별로도 월과 주, 일 분석과 종목 분석을 모두 할 수 있다.

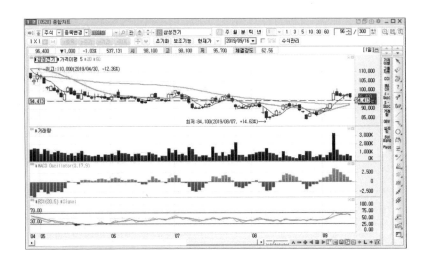

차트분석에서는 지수 업종 종목마다 예가값을 구해서 주가 변동 사이클(상승기, 하락기, 침체기, 회복기)의 분석을 반드시 해야 한다. 지수가 하락하면 업종은 조정 등락 이후에 하락한다. 그리고 월봉 고점에서 예가 방향으로 하락하는 주가는 저점 바닥(숨어있는 악재가 나올 때까지)을 찍고서 소폭 상승 후 횡보한다. 이때 횡보 시기는 몇 년이 될지 알 수 없고 차트 주봉에서 추세 분석과 업종 차트(월봉, 주봉), 지수 차트(월봉, 주봉), 외국인, 기관, 세력의 업종수급(0257) 현황을 함께 분석한다.

5. 추세/사이클 차트(0571)

주가의 등락 범위와 추세 방향 등을 분석할 수 있다.

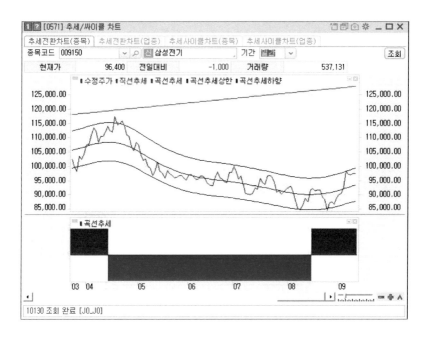

코스피·코스닥 업종과 종목의 등락 폭과 주가 추세, 방향을 월과 주, 일별로 분석할 수 있는 지표 창이다. 특히 초보 투자자가 보기 쉽고 유용하게 쓸수 있는 지표 창이다.

6. 전체업종지수(0152)

당일 업종의 수급과 등락, 업종별 해당 종목을 알 수 있다.

업종	지수	전일대비	등락률	거래량(천주)	거래비중		종목명	현재가	전일대비	등락률	시가총액(억)
종합	2,062.22	▲ 13.02	+0.64	480,867	100.00		삼성전자	47,100 ▼	50	-0.11	2,811,767
대형주	2,014.95	▲ 10.20	+0.51	73,816	15.35		SK하이닉스	79,500 ▲	3,100	-3.75	578,761
중형주	2,201.40	▲ 26.02	+1.20	44,913	9.34		삼성전자우	39,100 ▼	100	-0.26	321,748
소형주	1,862.53	▲ 25.62	+1.39	357,257	74.29		현대차	128,000 ▼	1,000	-0.78	273,495
음식료업	3,433.93	▲ 49.34	+1.46	29,429	6.12		NAVER	154,500 ▲	1,000	+0.65	254,636
섬유의복	282.24	▲ 1.88	+0.67	19,674	4.09		현대모비스	244,500 ▼	3,000	-1.21	233,024
종이목재	360.50	▲ 4.73	+1.33	6,852	1.42		LG화학	324,500 ▲	500	+0.15	229,072
화학	4,599.56	▲ 55.74	+1.23	67,309	14.00		셀트리온	170,500 ▲	1,500	+0.89	218,813
의약품	9,060.66	▲ 69.59	+0.77	6,647	1.38		POSCO	238,000 ▲	2,000	+0.85	207,504
비금속광물	1,624.95	▲ 38.29	+2.41	17,350	3.61		신한지주	43,050 ▲	800	+1.89	204,142
철강금속	3,971.77	▲ 44.75	+1.14	15,465	3.22		LG생활건강	1,290,000 ▲	10,000	+0.78	201,474
기계	755.56	▲ 17.44	+2.36	30,262	6.29		삼성바이오로	293,500 ▲	500	+0.17	194,149
전기전자	17,206.6	▼ 85.93	-0.50	58,513	12.17		SK텔레콤	239,000 ▲	1,000	+0.42	192,982
의료정밀	2,645.15	▲ 50.88	+1.96	35,781	7.44		KB금융	44,650 ▲	950	+2.17	186,686
운수장비	1,609.15	▼ 1.06	-0.07	22,394	4.66		기아차	43,850 ▼	250	-0.57	177,751
유통업	356.16	▲ 4.23	+1.20	87,904	18.28		삼성물산	90,600 ▲	1,800	+2.03	171,859
전기가스	835.61	▲ 3.47	+0.42	1,662	0.35		한국전력	25,450 ▼	100	-0.39	163,379
건설업	102.03	▲ 4.31	+4.41	20,090	4.18						

당일 업종 등락과 종목 등락을 한번에 볼 수 있는 창이다. 업종 구성 종목은 시가 총액 상위 순서로 나타나므로 업종별 대장주를 쉽게 알 수 있다. 세력의 업종수급분석을 하고 나서 구성 종목의 기업 분석을 하면 세력이 매수하는 종목을 찾을 수 있다. 이것은 업종수급을 보고 종목을 찾을 때 사용한다.

7. 외국인/기관 매매추이(0262)

외국인과 기관의 매매현황을 살펴볼 수 있다.

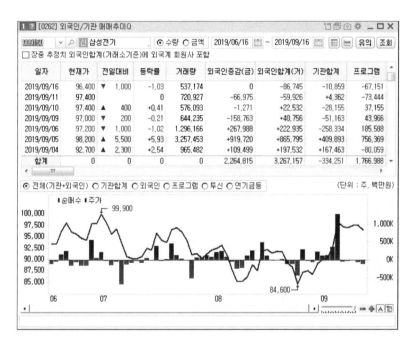

외국인, 기관과 프로그램, 세력의 기간(분기, 한달, 2주, 1주) 지정으로 기간별 종목 누적 거래량과 평균 매수 가격을 분석함으로써 현재 주가가 저평가 또는 고평가되었는지를 알게 되므로 매수·매도 시기를 분석하는 데 유용하다.

8. 인포스탁 섹터종목정보(0167)

섹터별 분류와 해당 종목, 그룹별 종목 등을 분석할 수 있다.

테마명	전체	상승	하락	상승비율	전일대비	5일전 대비
LPG(액화석유가스)	8	8	0	100	+10.80	+13.56
자전거	6	5	1	83	+8.27	+9.25
아스콘(아스팔트 콘크리트)	9	8	1	88	+7.56	+9.90
남북경협	29	28	1	96	+6.65	+12.76
사료	17	17	0	100	+5.39	+6.15
온실가스(탄소배출권)	9	5	3	55	+5.12	+4.34
비료	11	10	0	90	+4.98	+9.34
건설 대표주	6	6	0	100	+4.90	+8.86
재난/안전(지진 등)	22	20	2	90	+4.79	+7.00
시멘트/레미콘	17	16	1	94	+4.66	+10.47

LPG(액화석유가스)란 프로판 및 부탄 등을 주성분으로 가스를 상온에서 가압하여 액화한 것으로 소형의 가벼운 압력용기(봄베)에 충전해서 가정용, 공업용, 자동차용 등의 연료로 이용되는 가스임. 현재 정부의 인가를 받은 수입업체로는 SK가스와 E1이 있으며, LPG시장은 거대 규모의 저장시설과 판매망 구축 등 초기투자비가 많이 소요되므로 진입장벽이 높은 편임. 관련주로는 LPG 수입, 저장, 판매업을 영위하는 업체들임.

종목명	현재가	전일대비	등락률	거래량	전일동시간(%)
중앙에너비스	8,450	↑ 1,950	30.00	903,711	+9,519.0
흥구석유	6,530	↑ 1,500	29.82	1,750,084	+990.68
극동유화	3,915	▲ 450	12.99	6,924,314	+24,585
SK가스	79,100	▲ 2,300	2.99	13,991	+45.97
GS	50,600	▲ 1,450	2.95	239,124	+8.29
E1	50,700	▲ 1,350	2.74	14,709	+4.88
SK이노베이션	173,000	▲ 4,500	2.67	440,264	+64.09
S-Oil	102,000	▲ 2,300	2.31	506,939	+10.38

SK에너지와 대리점 계약을 맺고 휘발유, 경유, 등유 등의 일반유와 LPG 등의 석유류를 판매하는 업체. 서울, 경기, 인천 지역의 직영 사업장을 판매망으로 하는 도/소매업 및 국도변 스마트휴게소 운영, 최대주주는 ?

이 화면에서 제공되는 정보는 인포스탁에서 제공하는 정보입니다. 이 정보로 인해 투자손실 발생 시, 당사의 책임이 없음을 알려드립니다.

TIP

섹터별 종목을 알고자 할 때나 특정 섹터별로 관심 기업을 분석하고자 할 때 보는 창이다.

향후 성장 산업에 해당하는 4차 산업 관련주와 로봇주, 자율 주행주, 5G 관련주, 인공지능, 사물인터넷 등의 테마주를 찾고자 할 때는 여기를 보면 된다.

9. 신규상장/정리매매(0160)

신규상장 종목과 거래 중지, 상장 폐지 종목 등을 분석할 수 있다.

날짜	종목명	현재가	전일대비	등락률	거래량	비고
2019/09/05	한독크린텍	18,200 ▲	250	+1.39	340,983	
2019/09/05	ARIRANG KS로우볼	10,535 ▲	50	+0.47	203	
2019/09/05	ARIRANG KS로우사	10,425 ▲	55	+0.53	199	
2019/09/05	ARIRANG KS모멘텀	10,435 ▲	25	+0.24	200	
2019/09/05	ARIRANG KS벨류가	10,735 ▲	80	+0.75	216	
2019/09/05	ARIRANG KS퀄리티	10,445 ▼	20	-0.19	23,580	
2019/08/30	상상인이안제2호스팩	2,050		0.00	30,115	
2019/08/28	KINDEX 200TR	15,855 ▲	30	+0.18	13,605	
2019/08/28	HANARO 200TR	30,955 ▲	60	+0.19	50,029	
2019/08/28	HANARO MSCI Kore	10,590 ▲	15	+0.14	107	
2019/08/22	네오크레마	7,470 ▲	30	-0.40	311,765	
2019/08/20	마니커에프앤지	6,910 ▲	10	+0.14	289,666	
2019/08/20	미래에셋대우스팩3호	2,060		0.00	38,887	
2019/08/20	ARIRANG 미국단기	97,450 ▼	570	-0.58	13	
2019/08/20	ARIRANG 미국장기	93,140 ▼	2,250	-2.35	481	

TIP

코스피·코스닥에 신규상장하는 기업부터 거래 정지, 거래 주의 등에 해당하는 종목을 기간 지정으로 볼 수 있다.

10. 외국인/기관 합산매매상위(0229)

외국인, 기관 매수 상위 종목을 볼 수 있다.

순위	종목명	현재가	대비	등락률	거래량	외인순매수	기관순매수	동시순매수
1	KODEX 코스닥150 레버	7,480 ▲	260	+3.60	27,986,802	287,689	5,254,548	5,542,237
2	KODEX 레버리지	12,055 ▲	85	+0.71	16,998,256	498,967	4,158,343	4,657,310
3	삼성중공업	8,430 ▲	290	+3.56	6,615,947	642,680	2,009,254	2,651,934
4	대우건설	4,905 ▲	525	+11.99	6,260,243	109,433	1,906,722	2,016,155
5	삼성엔지니어링	17,450 ▲	1,000	+6.08	2,255,833	606,141	950,791	1,556,932
6	이화전기	292 ▲	10	+3.55	6,839,716	1,390,032	4	1,390,036
7	두산중공업	6,690 ▲	380	+6.02	2,174,108	433,296	749,973	1,183,269
8	팜스토리	1,105 ▲	90	+8.87	4,830,740	1,024,179	20,271	1,044,450
9	마니커	847 ▲	11	+1.32	3,078,799	928,288	14,110	942,398
10	두산인프라코어	6,610 ▲	270	+4.26	2,210,293	693,354	161,796	855,150
11	세종텔레콤	420 ▲	10	+2.44	2,277,540	173,272	552,916	726,188
12	에이치엘비생명과학	7,520 ▲	290	+4.01	1,206,820	534,721	100,307	635,028
13	메리츠종금증권	5,100 ▲	135	+2.72	1,772,234	129,281	439,291	568,572
14	CMG제약	2,970 ▲	100	+3.48	987,180	445,513	70,217	515,730
15	쌍방울	1,065 ▲	15	+1.43	1,250,103	491,676	11,350	503,026
16	필룩스	4,315 ▲	200	+4.86	1,678,060	488,771	2,317	491,088
17	금호타이어	4,455 ▲	75	+1.71	345,783	112,106	352,374	464,480
18	서희건설	1,245 ▲	50	+4.18	2,886,318	257,073	190,444	447,517
19	NH투자증권	13,100 ▲	550	+4.38	1,145,459	39,016	314,057	353,073
20	한온시스템	12,000 ▲	250	+2.13	852,817	213,144	129,834	342,978

코스피와 코스닥, 외국인, 기관, 세력의 순매수 거래량을 분석할 수 있다. 이것은 지정하는 기간 동안 외국인 순매수, 기관 순매수, 동시 순매수를 알 수 있으므로 세력의 매수 기업을 보고서 투자 기업을 찾아낼 수 있는 분석 창이다.

11. 관심종목 종합(1101)

관심종목을 등록할 수 있는 창이다.

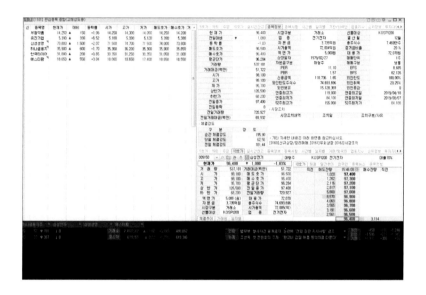

분석한 여러 기업 중에서 성장 가능한 기업을 관심 등록 창에 분류해 두면 언제든지 주가 추이를 지켜보고 매수할 수 있는 창이다. 아무리 좋은 기업도 지금 주가가 고가 또는 하락하고 있다면 매수하지 않는다. 초보 투자자는 회복기와 상승기(차트 예가 지정) 시점에 있는 종목을 매수하면 주가의 등락 변화에도 손실을 볼 확률이 줄어든다.

12. 외국계 실시간 매매현황(0220)

당일 외국인 전체 매매현황을 볼 수 있다.

회원사	시간	종목명	회원사	순매수량	매도량	매수량
외국계 전체	15:33:13	로보스타	모건스탠리	+2,104		44
JP모간	15:33:13	로보스타	CS증권	+4,652		79
맥쿼리	15:33:11	펩트론	모건스탠리	-9,175	136	
모건스탠리	15:33:11	모바일어플라이언	CS증권	-3,681	37	
씨티증권	15:33:10	유니테스트	모건스탠리	+21,071		668
RBS증권	15:33:10	동국제약	CS증권	+2,332		20
HSBC증권	15:33:10	팅크웨어	메릴린치	-731	47	
CLSA	15:33:10	동국제약	골드만삭스	+1,051		48
CS증권	15:33:09	휴온스글로벌	모건스탠리	+3,980		163
UBS	15:33:08	한국유니온제약	모건스탠리	+2,437		2
메릴린치	15:33:07	모다이노칩	CS증권	+5,344		69
골드만삭스	15:33:07	가비아	노무라	-1,140	38	
SG증권	15:33:06	컴투스	모건스탠리	-2,764	409	
노무라	15:33:06	컴투스	모건스탠리	-2,343		421
도이치	15:33:06	컴투스	CS증권	-2,643	179	
다이와	15:33:06	코렌	UBS	+12,763		674
BNP증권	15:33:05	플랜티넷	모건스탠리	+2,017		183
CIMB	15:33:02	인피니트헬스케어	CLSA	-5,781	396	
	15:33:02	인피니트헬스케어	CS증권	-2,176	93	

당일 외국인 종목 매수·매도 현황을 전부 볼 수 있는 곳으로서 장 시작과 동시에 실시간 매매현황을 보고서 당일 외국인들의 수급 방향성을 읽어낼 수 있다.

개인 투자자는 파트너 증권사(외국계 2곳과 기관 2곳 정도)를 꼭 만들기를 바란다. 기업 분석과 매수시점, 매도시점 결정에 어려움이 있을 때 이들 파트너 증권사의 수급을 보면 결정하는 데 많은 도움을 얻을 수 있다.

주가는 개인의 수급보다는 세력의 수급이 주가 등락에 큰 영향을 준다. 증권사별로 투자 성향이 모두 다르고 투자 수익 또한 다르므로 꼼꼼히 따져 보고 훌륭한 파트너를 찾기 바란다.

13. 현재가(0101)

당일 호가 창으로 매수가와 매도가의 거래량, 금액별 대기 물
량 등을 알 수 있다.

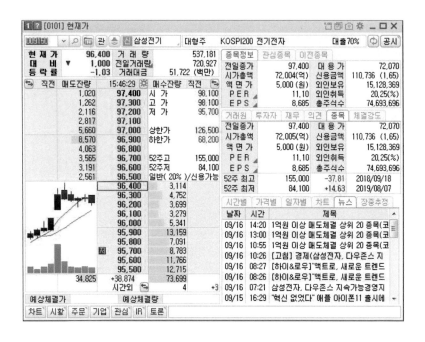

당일 현재가와 주가의 등락, 호가 창을 보여 준다.

매수 대기 물량과 매도 대기 물량, 업종 매매(0257)와 업종 지수(0152) 창을 함께 보면 세력 수급으로 오늘 주가 방향성이 상승할지, 하락할지를 분석할 수 있는 중요한 분석 창이다.

현재가 업종 매매, 업종 지수 창을 함께 보면 주가 등락의 정확성을 높일 수 있다.

14. 종목별 공매도(0236)

    일별 종목의 주식 거래량 대비 공매도 거래량과 대차 거래량 증가 및 감소 현황을 알 수 있다.

일자	종가	전일대비		등락률	거래량	거래금액	공매도거래량	공매도거래대금	매매비중	공매도평균가(원)
2019/09/11	97,400		0		720,927	69,932,105	259,549	25,150,396	36.00	96,900
2019/09/10	97,400	▲	400	+0.41	576,093	55,713,888	58,611	5,671,183	10.17	96,760
2019/09/09	97,000	▼	200	-0.20	644,235	62,941,726	80,838	7,905,322	12.55	97,792
2019/09/06	97,200	▼	1,000	-1.01	1,296,166	127,684,935	147,582	14,582,348	11.39	98,808
2019/09/05	98,200	▲	5,500	+5.93	3,257,453	318,832,927	399,613	39,259,982	12.27	98,245
2019/09/04	92,700	▲	2,300	+2.54	965,482	88,814,601	216,984	19,942,375	22.47	91,907
2019/09/03	90,400	▲	400	+0.44	618,284	56,217,549	122,272	11,130,602	19.78	91,031
2019/09/02	90,000	▲	900	+1.01	337,979	30,254,358	43,327	3,884,554	12.82	89,657
2019/08/30	89,100	▲	2,400	+2.76	671,928	59,761,584	27,172	2,426,632	4.04	89,306
2019/08/29	86,700	▼	900	-1.02	478,408	41,642,608	129,639	11,296,724	27.10	87,140
2019/08/28	87,600	▲	400	+0.45	368,476	32,339,286	88,443	7,761,331	24.00	87,755
2019/08/27	87,200	▲	2,600	+3.07	1,097,801	96,072,201	271,637	23,781,979	24.74	87,551
2019/08/26	84,600	▼	3,700	-4.19	1,105,933	94,296,955	262,181	22,387,919	23.71	85,391
2019/08/23	88,300	▼	900	-1.00	618,986	54,579,677	126,434	11,156,010	20.43	88,236
2019/08/22	89,200	▲	2,500	-2.72	724,343	65,344,132	126,185	11,369,510	17.42	90,102
2019/08/21	91,700	▼	100	-0.10	244,345	22,420,783	32,612	2,991,730	13.35	91,737
2019/08/20	91,800	▲	400	+0.43	326,675	30,055,922	21,124	1,945,451	6.47	92,097
2019/08/19	91,400	▼	800	-0.86	457,758	42,068,675	96,426	8,852,858	21.06	91,810
2019/08/16	92,200	▲	400	+0.43	566,750	51,893,675	124,556	11,426,507	21.98	91,738
누적치기간 2019/07/16 ~ 2019/09/16					35,482,656	3,269,168,764	5,426,442	496,682,503	15.29	91,530

종목 공매도 현황을 볼 수 있는 창으로서 공매도 거래량과 대차 물량을 볼 수 있다.

일간리포트(9730) 창에서 고객 예탁금 신용 잔고와 대차 잔액을 함께 보면 시장 분석의 정확성을 높일 수 있다. 주가 하락 요인 중에서 공매도 거래량 증가는 좋지 않다.

그러나 대차 잔액 증가 여부는 꼭 주가 하락에 영향을 준다고 볼 수는 없다. 지속적인 대차량 증가는 주가 상승 신호로 볼 수도 있다.

세력이 주가를 매수·매도하면서 목표 지점까지 상승시켰다고 한다면 대차 물량을 공매도 거래를 통해서 주가를 하락시켜 수익을 보기 때문이다.

간단한 상식으로 투자금을 많이 넣어서 수익을 볼 것인가?
투자금 없이 남에게 빌려서 수익을 볼 것인가?

15. 투자일별 외국인/기관 매매현황(0260)

종목별로 개인과 외국인, 기관의 주식 거래량과 매수·매도 수급 현황을 알 수 있다.

일자	종가	전일대비	등락률	거래량	개인	외국인	기관계	기관 금융투자	보험	투신	은행	기타금융	연기금등	사모펀드	기타법인	기타외국인
2019/09/16	96,400	1,000	-1.03	537,184	+9,365	-8,346	-1,049	-208	-271	-479	-69	+85	+1,941	-1,969	+18	+12
2019/09/11	97,400	0.00		720,927	+5,237	-5,037	+435	+1,170	-455	+1,115	-31	-35	+371	-1,700	+124	+41
2019/09/10	97,400	400	+0.41	576,093	+596	+2,432	-2,722	+669	-954	-1,218	+79		+252	-1,550	-61	-244
2019/09/09	97,000	200	-0.21	644,235	+435	+3,843	-4,977	-3,502	+492	+196	+79	-13	-619	-1,610	+577	+123
2019/09/06	97,200	1,000	-1.02	1,296,166	+5,309	+21,994	-25,440	-9,856	-1,634	-1,762	-46	-29	-9,481	-2,630	-1,858	-5
2019/09/05	98,200	5,500	+5.93	3,257,453	-124,873	+64,009	+40,198	+11,675	+1,475	+9,339	-153	-880	+9,920	+8,020	+272	-405
2019/09/04	92,700	2,300	+2.54	965,482	-33,616	+18,080	+15,414	+4,776	+1,047	+1,646	-26	+13	+6,825	+1,131	-2	+124
2019/09/03	90,400	400	+0.44	618,284	-11,955	-3,529	+14,819	+567	+321	+1,262	+72	-3	+9,510	+3,089	+649	+17
2019/09/02	90,000	900	+1.01	337,979	-9,835	+5,707	-4,287	-1,052	-474	+702		+62	-4,032	+69	-2	-157
2019/08/30	89,100	2,400	+2.77	671,928	-20,718	+13,533	-7,540	-3,616	+198	+2,185	-75	-63	+439	+1,240	-162	-192
2019/08/29	86,700	900	-1.09	478,408	+3,863	-2,051	-1,713	-1,786	-89	-228	+25	-14	+1,481	-1,102	-91	-8
2019/08/28	87,600	400	-0.46	368,476	+1,560	-3,389	+1,812	-472	+726	-37		-18	+2,173	-560	+2	+9
2019/08/27	87,200	2,600	+3.07	1,097,601	-25,978	+21,657	+4,283	+2,430	-982	-2,789		-19	+343	+5,300	+47	-9
2019/08/26	84,600	3,700	-4.19	1,105,933	+95,309	-15,627	-20,178	-1,904	-1,561	-5,678	-18	-131	-6,623	-4,263	+351	+145
2019/08/23	88,300	900	-1.01	618,986	+6,952	-4,794	-3,782	+1,594	+556	-2,921	-34	-139	-2,553	-286	-501	+126
2019/08/22	89,200	2,500	-2.73	724,343	+8,901	-4,537	-4,494	-1,345	-702	-318	-98	-71	+81	-2,042	+207	+23
2019/08/21	91,700	100	-0.11	244,345	-1,305	+931	+65	-1,213	+946	+183	-12		-274	+435	+118	+191
2019/08/20	91,800	400	+0.44	326,675	-279	+4,043	-4,035	-291	-627	-454	-40		-3,094	+471	-24	+294
2019/08/19	91,400	800	-0.87	457,758	+2,011	+149	-659	-89	+937	+986			-2,093	+341	-1,507	+7
평균단가 기간 설정 1개월간	매수단가				92,368	93,501	93,485	93,267	93,970	94,421	93,587	92,483	93,567	93,231	93,811	92,385
2019/08/16 ~ 2019/09/16	매도단가				93,216	92,427	93,185	93,475	93,054	91,214	92,880	94,050	93,454	92,729	93,982	94,611

종목수급을 볼 수 있는 창으로서 거래량과 수급분석을 통해서 주포 세력이 누구인지 알 수 있고 주포 세력의 매수·매도 방향을 분석함으로써 추후 주가 등락에 대한 중요한 결정 요인이 된다. 종목 거래 누적 상위(0212), 종합차트(0520)와 함께 분석한다. 여기서 중요한 것은 세력의 관심이 없는 종목은 매수하지 않는 것이다.

16. 주식매매 가이드(0880)

개인과 외국인, 기관의 기간 누적 매수 평균 가격과 매도 평균 가격 등을 분석할 수 있는 창이다.

일자	종가	전일대비	등락률	거래량	개인 순매수액	개인 기간누적	외국인 순매수액	외국인 기간누적	기관 순매수액	기관 기간누적
2019/09/02	90,000 ▲ 900	+1.01	337,979	-9,835	-92,667	+5,707	+190,457	+4,287	-92,358
2019/08/30	89,100 ▲ 2,400	+2.77	671,928	-20,718	-82,832	+13,533	+184,750	+7,540	-96,645
2019/08/29	86,700 ▼ 900	-1.03	478,408	+3,863	-62,114	-2,051	+171,217	-1,713	-104,185
2019/08/28	87,600 ▲ 400	+0.46	368,476	+1,560	-65,977	-3,383	+173,267	+1,812	-102,472
2019/08/27	87,200 ▲ 2,600	+3.07	1,097,801	-25,978	-67,536	+21,657	+176,650	+4,283	-104,283
2019/08/26	84,600 ▼ 3,700	-4.19	1,105,933	+35,309	-41,558	-15,627	+154,993	-20,178	-108,567
2019/08/23	88,300 ▼ 900	-1.01	618,986	+8,952	-76,867	-4,794	+170,620	-3,782	-88,389
2019/08/22	89,200 ▼ 2,500	-2.73	724,343	+8,801	-85,819	-4,537	+175,415	-4,494	-84,607
2019/08/21	91,700 ▼ 100	-0.11	244,345	-1,305	-94,620	+931	+179,952	+65	-80,113
2019/08/20	91,800 ▲ 400	+0.44	326,675	-279	-93,315	+4,043	+179,021	-4,035	-80,178
2019/08/19	91,400 ▼ 800	-0.87	457,758	+2,011	-93,036	+149	+174,978	-659	-76,143
2019/08/16	92,200 ▲ 400	+0.44	566,750	-10,849	-95,047	+2,666	+174,828	+8,159	-75,484
2019/08/14	91,800 ▲ 4,200	+4.79	1,088,073	-44,846	-84,197	+28,258	+172,143	+16,682	-83,643
2019/08/13	87,600 ▼ 1,200	-1.35	332,593	+1,030	-39,352	+389	+143,885	-1,111	-100,326
2019/08/12	88,800 ▲ 2,600	+3.02	683,733	-20,100	-40,382	+20,193	+143,496	+2,217	-99,215
2019/08/09	86,200 ▲ 1,100	+1.29	831,649	-10,322	-20,282	+9,346	+123,303	-132	-101,432

개인, 외국인, 기관의 종목 매수 평균가 및 매도 평균가, 기간 거래 누적량 등을 분석할 수 있다. 이 또한 주포 세력이 누구인지를 분석하고 매수·매도 평균가를 알 수 있으므로 주가 상승 하락과 매수값을 결정할 수 있는 창이다.

외국인과 기관 매매추이(0262) 창을 함께 분석하면 쉽게 이해할 수 있다.

17. 종목별 거래원 일별 매매(0211)

외국인과 기관의 실시간 매매 및 일별 매매현황과 거래 누적량 등을 분석할 수 있다.

ⓘ⑦ [0211] 종목별 거래원 일별 매매현황							

당일주요거래원 | **종목별 거래원 일별 매매현황** | 종목별 거래원 누적매매상위 | 종목 일별 거래원상위 ◀▶

003150 ▼ 🔍 ⬆ 🔳 삼성전기 ◉ 코드 ○ 명칭 거래원 888 외국계 2 ▼ | 실 | 조회

조회기간 2019/08/17 🖩 ~ 2019/09/16 🖩 누적순매수 1,437,023 매수 4,675,388 매도 3,238,365

일자	종가	전일대비	등락률	거래량	매수수량	매도수량	순매수량
2019/09/16	96,400	▼ 1,000	-1.03	537,184			
2019/09/11	97,400	0	0.00	720,927	234,040	267,355	33,315
2019/09/10	97,400	▲ 400	+0.41	576,093	124,553	100,299	24,254
2019/09/09	97,000	▼ 200	-0.21	644,235	141,027	67,337	73,690
2019/09/06	97,200	▼ 1,000	-1.02	1,296,166	444,200	223,890	220,310
2019/09/05	98,200	▲ 5,500	+5.93	3,257,453	1,410,648	582,594	828,054
2019/09/04	92,700	▲ 2,300	+2.54	965,482	397,756	275,393	122,363
2019/09/03	90,400	▲ 400	+0.44	618,284	138,286	151,693	13,407
2019/09/02	90,000	▲ 900	+1.01	337,979	108,784	38,319	70,465
2019/08/30	89,100	▲ 2,400	+2.77	671,928	174,450	33,610	140,840
2019/08/29	86,700	▼ 900	-1.03	478,408	123,488	115,949	7,539
2019/08/28	87,600	▲ 400	+0.46	368,476	80,555	113,507	32,952
2019/08/27	87,200	▲ 2,600	+3.07	1,097,801	586,659	363,827	222,832
2019/08/26	84,600	▲ 3,700	-4.19	1,105,933	135,882	303,808	167,926
2019/08/23	88,300	▼ 900	-1.01	618,986	130,341	196,350	66,009
2019/08/22	89,200	▼ 2,500	-2.73	724,343	151,067	196,099	45,032
2019/08/21	91,700	▼ 100	-0.11	244,345	69,967	51,912	18,055
2019/08/20	91,800	▲ 400	+0.44	326,675	90,189	46,308	43,881

TIP

외국 증권사, 국내 증권사 종목 날짜별 수급 현황을 모두 볼 수 있다. 파트너 증권사 수급 현황을 분석하여 종목 투자 결정을 할 수 있는 중요한 분석 창이다.

파트너 증권사는 최소 4곳(외국계 2곳과 국내 증권사 2곳)의 수급을 보는 것이 좋다. 종목 거래원 누적매매상위(0212)와 거래원 매물대분석(0219)을 함께 보면 지정 날짜별 세력의 매수·매도 거래 누적량과 함께 매수·매도 가격대를 모두 분석할 수 있다.

18. 거래원 매물대분석(0219)

종목의 매수 상위 주포와 매수·매도의 금액별 거래량 등을 알 수 있다.

| 당일주요거래원 | 종목별 거래원 일별 매매현황 | 종목별 거래원 누적매매상위 | 종목 일별 거래량상위 | 거래원 매물대분석 |

005930 ▼ ㅣ 🔍 ㅣ 🔺 삼성전기 ㅣ 시점 당일 ∨ ㅣ 기간 직접입력 ∨ 2019/08/29 🗓 ~ 2019/09/11 🗓 | 조회 |

(당일자료는 매매상위 5개사 자료에 의한 추정치임)

순매수거래원순위	순매수비중	기간비중	▲	체결가		현재가대비	매도량	매수량	순매수수량	거래량합	비중(%)	▲
1 모건스탠리	23.10	6.07		98,200	▲	1,800	30,500	619,821	589,321	650,321	55.97	
2 CS증권	7.64	4.05		97,400	▲	1,000	50,466	48,148	2,318	98,614	8.49	
3 HSBC증권	4.51	1.26	▤	97,200	▲	800	16,777	224,586	207,809	241,363	20.77	
4 메릴린치	4.14	4.93		97,000	▲	600	17,742	56,712	38,970	74,454	6.41	
5 골드만삭스	3.12	2.65		92,700	▼	3,700	5,651	11,609	5,958	17,260	1.49	
6 UBS	2.16	1.44		90,400	▼	6,000	7,398	21,260	13,862	28,658	2.47	
7 다이와	0.90	0.25		90,000	▼	6,400	4,420	3,544	876	7,964	0.69	
8 맥쿼리	0.79	0.21		89,100	▼	7,300	3,718	28,321	24,603	32,039	2.76	▤
9 메리츠종금	0.69	1.03		86,700	▼	9,700	7,858	3,440	4,418	11,298	0.97	
10 CIMB	0.60	0.14										
11 신한금투	0.44	6.64										
12 리딩투자	0.27	0.10										
13 코리아RB	0.25	0.12										
14 바로투자	0.25	0.13										
15 BNP증권	0.22	0.04	▼									

TIP

종목 지정 날짜별 매수 상위 증권사, 매수 가격대별 매수 거래량을 모두 분석할 수 있는 창이다.

세력의 거래량과 거래 가격대까지 분석할 수 있으므로 추후 세력의 주가 방향성을 분석할 수 있다.

현재 가격이 세력의 매수 가격보다 아래에 있다면 상승 여력이 있다고 보고 현재 가격이 세력의 매수 가격보다 위에 있다면 수익 구간으로 본다. 매수가 대비 매도가와 매도 물량을 보면 주가가 하락할 수 있는 신호를 볼 수 있다.

19. 실시간 상/하 포착(0184)

당일 실시간 상한가 및 하한가, 8% 이상 상승과 등락 종목을 알 수 있는 창이다.

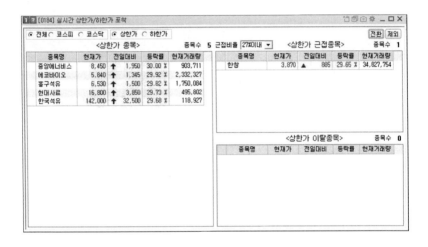

당일 상한가 및 하한가와 급등락 종목을 볼 수 있는 곳으로서 개인 투자자들이 그동안 월 회비를 주고서 받는 급등 추천 종목들은 대부분 여기서 볼 수 있다. 회비를 주고 추천받은 상승 급등의 종목들은 대개 수익은 고사하고 고점 매수에 의한 손실을 보게 되는 경우가 잦으므로 개인 투자자의 손실 규모가 크다고 볼 수 있다.

주가의 상승 및 하락은 아무도 알 수 없다. 단지 여러 지표를 분석하여 상승이나 하락 여부를 예측할 수는 있지만, 이 또한 정확성이 없는 것으로서 우리는 공부와 원칙매매를 통해서 대응할 줄 알아야 한다.

코스피·코스닥에 상장된 모든 종목을 혼자서 분석한다는 것은 매우 어려운 일이다. 그래서 함께 공부해야 한다.

"공부는 함께, 투자는 혼자."

20. 원클릭 종목검색(0554)

지정 검색 조건에 맞는 종목을 분석할 수 있다.

✓종목코드	종목명	현재가	전일대비	등락률	현재거래량	L일봉H	업종구분
✓000270	기아차	43,850 ▼	250	-0.57 %	1,061,241	∣	운수장비
✓000480	조선내화	87,700 ▲	800	0.92 %	944	∣	비금속광물
✓000490	대동공업	6,520 ▲	320	5.16 %	1,270,222	∣▬	기계
✓000700	유수홀딩스	7,300 ▼	20	-0.27 %	17,378	∣	서비스업
✓001740	SK네트웍스	5,450 ▲	30	0.55 %	928,804	∣	유통업
✓002170	삼양통상	62,600 ▲	200	0.32 %	1,859	∣	종합
✓002810	삼영무역	16,550 ▼	50	-0.30 %	4,253	∣	유통업
✓003780	한국화장품제조	27,700 ▼	250	-0.89 %	44,394	∣	화학
✓003650	미창석유	82,500 ▲	3,700	4.70 %	3,440	∣▬	화학
✓003850	보령제약	12,100	0	0.00 %	128,131	∣	의약품
✓004255	NPC우	2,325	0	0.00 %	78	∣	화학
✓004365	세방우	6,790 ▲	10	0.15 %	1,566	∣	운수창고
✓004450	삼화왕관	46,800 ▲	550	1.19 %	297	∣	기계
✓006050	국영지앤엠	1,395 ▲	30	2.20 %	543,450	∣	비금속
✓008470	부스타	5,540	0	0.00 %	22,317	∣	금속
✓009520	포스코엠텍	6,340 ▲	460	7.82 %	6,483,411	∣▬	금속
✓009270	삼정펄프	32,900	0	0.00 %	708	∣	종이목재
✓018120	진로발효	30,200 ▲	250	0.83 %	11,291	∣	음식료담배
✓032540	TJ미디어	3,205 ▲	5	0.16 %	2,649	∣	전기/전자
✓033540	파라텍	5,100 ▲	10	0.20 %	126,972	∣	기계 장비
✓033780	KT&G	102,500 ▲	1,000	0.99 %	270,866	∣	종합

TIP

종목 차트의 특정 지정 값을 분석하여 해당 종목을 찾는 분석 창이다. 주가는 매일 등락 속에서도 추세 방향성을 가지게 된다.

캔들 값의 5일선 돌파 시점과 5일선/20일선 골든크로스 시점, 20일선/60일선 골든크로스 시점 등으로 추세 방향을 분석하므로 상승 매수 종목을 찾아낼 수 있는 분석 창으로 본다.

개인 초보 투자자는 이곳에서 매수 투자 종목을 찾을 수 있다면 혼자서 충분히 투자 종목 분석을 통한 매매를 할 수 있게 되었다고 보면 된다.

21. 원클릭 업종검색(0555)

지정 검색 조건에 맞는 업종을 분석할 수 있다.

업종명	지수	대비	등락률	연속등락	거래량	전일거래대비
출판매체 (코)	3,846.05	▲ 90.12	2.40%	3	11,082	65.27%
경기소비재 레버리지 (거)	914.29	▲ 0.31	0.03%	3	0	0.00%
은 행 (거)	279.79	▲ 2.10	0.76%	7	960	56.54%
기타제조 (코)	1,345.95	▲ 20.56	1.55%	2	2,198	149.93%
전기전자 (거)	17,206.67	▲ 85.93	-0.50%	1	58,513	103.04%
디 지 털 (코)	901.39	▼ 5.17	-0.57%	1	14,466	103.41%
에너지화학 레버리지 (거)	1,025.38	▲ 42.77	4.35%	4	0	0.00%
정보기술 레버리지 (거)	2,540.01	▼ 26.82	-1.04%	3	0	0.00%
기 계 (거)	755.56	▲ 17.44	2.36%	3	30,262	62.19%
헬스케어 레버리지 (거)	249.72	▲ 13.73	5.82%	8	0	0.00%
제 조 업 (거)	4,851.34	▲ 12.03	0.25%	7	313,639	116.45%
의 약 품 (거)	9,060.66	▲ 69.59	0.77%	2	6,647	72.12%
철강금속 (거)	3,971.77	▲ 44.75	1.14%	4	15,465	95.49%
경기소비재 (거)	1,372.25	▲ 0.38	0.03%	3	8,073	71.18%
KTOP30 (KRX)	6,683.38	▲ 29.87	0.45%	7	32,943	81.51%
운수장비 (거)	1,609.15	▼ 1.06	-0.07%	1	22,394	105.16%
운수창고 (거)	1,286.14	▲ 1.01	0.08%	3	7,791	81.33%
자 동 차 (KRX)	1,544.46	▼ 2.30	-0.15%	1	6,358	66.74%
철 강 (KRX)	1,401.68	▲ 21.39	1.55%	4	12,320	551.72%
헬스케어 (거)	1,588.51	▲ 14.79	0.94%	2	2,086	58.60%
철강소재 (거)	746.38	▲ 10.36	1.41%	4	1,338	67.64%

TIP

원클릭 종목검색(0554)과 같은 조건 검색 창으로서 여기서는 업종을 찾아낼 수 있다. 앞서 말한 바와 같이 종목은 업종을 이기지 못하고 업종은 지수를 이기지 못한다고 했다.

종목을 검색하기 전에 업종을 먼저 분석하므로 세력의 수급이 있는 업종에서 종목을 찾아내는 것이 투자 종목을 찾는 것의 핵심이라고 볼 수도 있다.

22. 종목별 외국인 상세 매매현황(0221)

종목별로 외국인의 일별 거래와 가격 등락 및 누적 거래량 등을 알 수 있다.

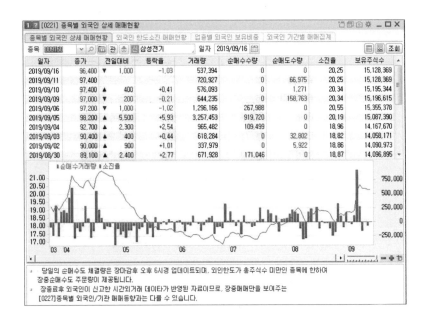

종목과 외국인의 거래 누적, 보유량 전체를 분석할 수 있는 창이다.

이곳을 분석하여 외국인의 거래 누적과 보유량 대비 현재가 등락 현황을 보면 외국인의 매수·매도 거래 현황을 바로 분석할 수 있게 된다. 좋은 기업을 평가할 때 외국인의 보유량이 많다는 것은 성장 가능성이 큰 기업으로 볼 수 있다. 한국전력, KT, SK텔레콤, 삼성전자 등의 외국인 지분 현황을 보면 보유 지분율이 상당히 높은 것을 알 수 있다.

그러나 보유 지분율이 높다고 해서 반드시 현재 주가가 상승한다고는 볼 수 없다. 현재 보유 지분율의 변화를 분석하면 주가 등락 추세를 알 수는 있다.

23. 외국인 기간별 매매집계(0226)

외국인의 일별 및 기간의 거래 누적과 종목, 매매현황을 분석
할 수 있다.

종목별 외국인의 상세 매매현황(0221) 창은 종목 분석 창으로 볼 수 있다. 여기에서는 날짜를 지정하여 종목별 변동률 상위부터 순서대로 분석할 수 있다. 이곳에서 분석한 종목은 종목 상세 매매현황(0221)에서 세분하여 분석할 수 있기에 매수 종목을 찾기 위한 중요한 분석 창으로 본다.

24. 배당률 순위(0181)

종목별 배당 순위를 검색할 수 있는 창이다.

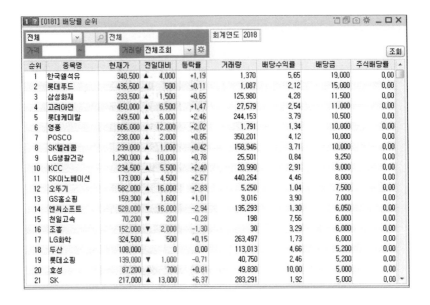

순위	종목명	현재가	전일대비	등락률	거래량	배당수익률	배당금	주식배당률
1	한국쉘석유	340,500 ▲ 4,000	+1.19	1,370	5.65	19,000	0.00
2	롯데푸드	436,500 ▲ 500	+0.11	1,087	2.12	15,000	0.00
3	삼성화재	233,500 ▲ 1,500	+0.65	125,980	4.28	11,500	0.00
4	고려아연	450,000 ▲ 6,500	+1.47	27,579	2.54	11,000	0.00
5	롯데케미칼	249,500 ▲ 6,000	+2.46	244,153	3.79	10,500	0.00
6	영풍	606,000 ▲ 12,000	+2.02	1,791	1.34	10,000	0.00
7	POSCO	238,000 ▲ 2,000	+0.85	350,201	4.12	10,000	0.00
8	SK텔레콤	239,000 ▲ 1,000	+0.42	158,946	3.71	10,000	0.00
9	LG생활건강	1,290,000 ▲ 10,000	+0.78	25,501	0.84	9,250	0.00
10	KCC	234,500 ▲ 5,500	+2.40	20,990	2.91	9,000	0.00
11	SK이노베이션	173,000 ▲ 4,500	+2.67	440,264	4.46	8,000	0.00
12	오뚜기	582,000 ▲ 16,000	+2.83	5,250	1.04	7,500	0.00
13	GS홈쇼핑	159,300 ▲ 1,600	+1.01	9,016	3.90	7,000	0.00
14	엔씨소프트	528,000 ▼ 16,000	-2.94	135,293	1.30	6,050	0.00
15	천일고속	70,200 ▼ 200	-0.28	198	7.56	6,000	0.00
16	조흥	152,000 ▼ 2,000	-1.30	30	3.29	6,000	0.00
17	LG화학	324,500 ▲ 500	+0.15	263,497	1.73	6,000	0.00
18	두산	108,000 0	0.00	113,013	4.66	5,200	0.00
19	롯데쇼핑	139,000 ▼ 1,000	-0.71	40,750	2.46	5,200	0.00
20	효성	87,200 ▲ 700	+0.81	49,830	10.00	5,000	0.00
21	SK	217,000 ▲ 13,000	+6.37	283,291	1.92	5,000	0.00

기업별 배당 현황을 보여 주는 곳으로서 배당이 높다는 것은 매출 이익이 높다는 것을 의미한다. 이익 잉여금의 사내 유보 자금을 높이기보다는 주주 배당을 많이 주는 것이 주식에 투자하는 투자자에게는 좋은 것이다.

기업이 현금 배당을 주지 않고 무상 증자를 통한 주식 배당을 하는 경우도 있다. 이때는 배당 발표가 나기 전까지는 주가에 호재로 작용하지만, 배당이 끝나면 발행 주식 수 증가로 인한 주가 하락이 일어나기도 한다.

주주들에게는 현금 배당이 높은 기업이 좋다.

이처럼 기본적인 HTS 창들을 공부하고 분석할 수 있을 때 좀 더 나은 성공적인 투자를 할 수 있으리라 생각한다. 한 번도 배워본 적 없고 분석해 본 적이 없으니 어렵게 느껴질 수도 있겠지만, 실상은 한 번만 본다면 쉽게 이해할 수 있게 정리되어 있다.

개인 투자자들은 이러한 분석을 통해서 그동안 얼마나 공부 없이 묻지 마식의 투자를 해 왔는지를 단번에 알 수 있게 된다.

투자와 손실의 모든 책임은 본인이 져야 한다. 반드시 공부를 통해서 원칙 매매를 먼저 할 수 있도록 노력해야 한다.

"함께 공부합시다."

"
보유 종목 수가 많다는 것은
확신이 없다는 것이다.
"

4장

주식투자자
주체 분류

주식투자를 하는 주체는 개인, 외국인, 기관(금융 투자, 보험, 투자 신탁, 은행, 기타 금융, 연기금, 사모펀드), 기타 법인, 기타 외국인 등으로 분류할 수 있다.

우리나라 증시는 외국인의 투자 자금이 절대적인 영향을 미치므로 현재 누가 매수를 하는지, 매도를 하는지 등을 분석하면 앞으로의 주가 방향성을 예측할 수 있다. 기관 투자자인 사모펀드와 기타 법인의 지속적인 매수가 있는 종목은 주가 상승을 예측할 수 있고 연기금이 매수하는 기업은 성장성이 있는 기업 등으로 분류할 수 있다.

금융 투자는 증권사, 자산 운용사, 투자 자문사 등을 말하며 투자 신탁 운용사는 펀드 자금과 투자 신탁 자금 등을 운영한다.

사모펀드 자금은 개인과 기업의 고액 투자금을 펀드로 운용하는 운영사이며 10억 원 이상의 큰손 고객의 자금을 운용하므로 고객의 수익 증대를 위한 공격적인 투자 성향을 가지고 있다.

기타 법인은 투자 기관에 등록되지 않은 일반 법인들로서 운영 방침은 사모펀드와 비슷하나 투자금의 규모가 적을 수 있다.

국가는 우체국 및 각종 금융 공사 등을 말한다.

5장

지수종합분석
수급분석은
이렇게

지수 분석이란 코스피·코스닥의 증시 전체를 대상으로 하며 다음의 5개 창이 주요 분석의 대상이다.

① 해외증시(0503)

② 일간리포트(9730)

③ 투자자 업종별 매매(0257)

④ 종합차트(0520)

⑤ 추세/사이클 종합(0571)

1. 해외증시(0503)

이 창을 분석하면 미국과 중국의 현재 증시 방향을 알 수 있다. 미·중 증시 상황이 좋지 못하다면 우리 증시 또한 좋지 못하다는 것을 알 수 있다. 우리나라 증시는 미·중의 영향력이 절대적이기 때문이다.

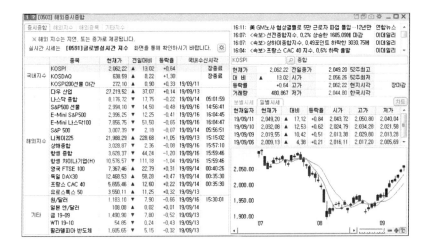

2. 일간리포트(9730)

코스피·코스닥 예탁금 전체 자금과 신용 자금 대차 잔액 현황을 볼 수 있으므로(당일 기준으로 2일 전 자료를 보여 준다) 자금 변화에 따른 시장 변화를 알 수 있다.

3. 투자자 업종별 매매(0257)

코스피·코스닥 지수종합수급(자금 등락과 거래량)의 등락을 알 수 있고 업종별 수급 등락 또한 알 수 있는 중요한 분석 창이다. 분기별, 월별, 2주별, 1주별로 날짜를 지정해서 수급 등락을 정확히 알 수 있게 되므로 세력(외국인, 기관)의 주가 방향성을 분석할 수 있다.

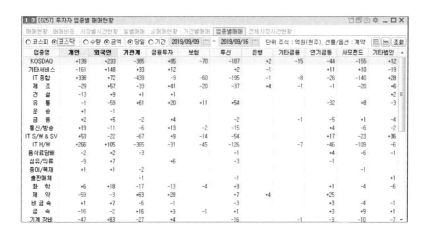

업종명	개인	외국인	기관계	금융투자	보험	투신	은행	기타금융	연기금등	사모펀드	기타법인
KOSDAQ	+139	+233	-385	+85	-70	-187	+2	-15	-44	-155	+12
기타서비스	-161	+148	+33	+12		+2	-1		+11	+10	-19
IT 종합	+338	+72	-439	-9	-60	-195	-1	-8	-26	-140	+28
제 조	-29	+57	-33	+41	-20	-37	+4	-1	-1	-20	+6
건 설	-13	+9	+1	+1							+2
유 통	-1	-59	+61	+20	+11	+54			-32	+8	-3
운 송	+1	-1									
금 융	+2	+5	-2	+4		-2		-1	-5	+1	-4
통신/방송	+19	-11	-6	+13	-2	-15			+4	-6	-2
IT S/W & SV	+53	-22	-67	+9	-14	-54			+17	-23	+36
IT H/W	+266	+105	-365	-31	-45	-126		-7	-46	-109	-6
음식료담배	-2	+2	-3			-1			+4	-6	-1
섬유/의류	-9	+7		+6		-3			-1		
종이/목재	+1	+1	-2							-1	
출판매체			-1			-1					+1
화 학	+6	+18	-17	-13	-4	+3			+1	-4	-6
제 약	-59	-3	+63	+28		+7	+4		+25		
비 금 속	+1	+7	-6	-1		-3			+3	-4	-1
금 속	-16	-2	+16	+3	-1	+1			+3	+9	+1
기계 장비	-47	+83	-27	+4		-16			-3	-10	-7

4. 종합차트(0520)

　여기에서 중요한 부분은 차트를 업종으로 변환하고 코스피·
코스닥 지수 변동 사이클 분석뿐만 아니라 MSCI 차트(신흥국
투자금 배분 지수)와 변동성 지수(코스피·코스닥과 반대 지수)를 함
께 분석해야만 좀 더 정확한 증시 방향을 분석할 수 있다는 점
이다.

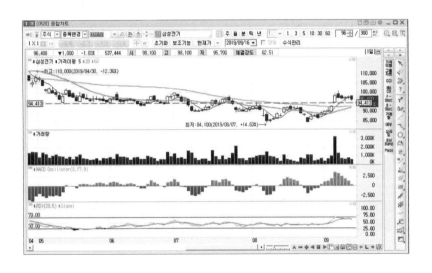

5. 추세/사이클 종합(0571)

이 창은 지수 업종 종목의 월별, 주별, 일별 등 모든 추세 등락 방향과 상승과 하락, 등락 값을 알 수 있게 되어 있는 중요한 분석 지표 창이다.

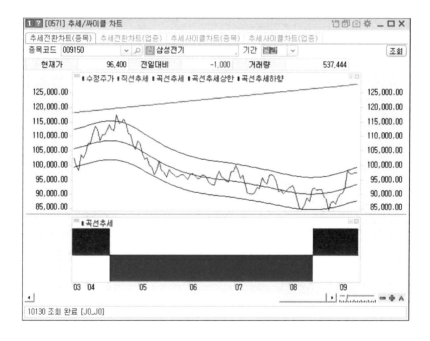

" 시장을 분석하는 원칙을 가져라. **"**

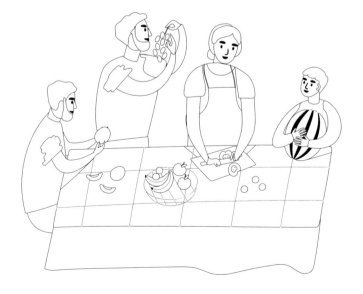

6장

업종수급분석은
이렇게

업종수급이란 지수별(코스피·코스닥)로 해당하는 모든 업종의 수급(돈) 분석을 통해서 현재 관심을 받는 업종이 어딘지를 분석해서 매수 종목을 찾아내는 방법이다. 주식투자금은 끝없이 들어오지 않는다. 풍선 효과처럼 들어가는 곳이 있으면 튀어나오는 곳이 있듯이, 지금 수급이 몰리는 곳은 매번 달라진다. 수급이 있는 업종의 종목이 상승한다고 보면 쉽게 이해할 수 있을 것이다.

분석 대상 창으로는 다음의 6개 창이 있다.

① 업종 일별 매매(0254)
② 종합차트(0520)
③ 전체업종지수(0152)
④ 업종 구성 종목, 추세/사이클 업종(0571)
⑤ 섹터 정보(0167)
⑥ 원클릭 업종검색(0555)

1. 업종 일별 매매(0254)

업종별로 일별 수급(돈)을 볼 수 있는 곳으로서 개인과 외국인, 기관들의 업종별 매수·매도 현황을 기간을 지정해서 누적 거래 규모를 분석함으로써 세력의 업종별 방향성을 분석할 수 있다.

일자	개인	외국인	기관계	금융투자	보험	투신	은행	기타금융	연기금등	사모펀드	기타법인
2019/09/16	-458	-1,592	+1,983	-500	-170	+29	-10	+27	+2,771	-163	+77
2019/09/11	-3,345	-2,828	+6,135	+3,512	-204	-330	+20	+5	+3,143	-12	+47
2019/09/10	-1,919	+153	+1,713	+381	+85	+75	+18	-18	+1,231	-59	+60
2019/09/09	-1,731	+2,355	-746	-404	-117	-294	-6	+1	+248	-176	+142
2019/09/06	-338	+484	-200	-645	-55	+5	+14	+15	+585	-119	+54
2019/09/05	-2,844	+1,891	+930	+336	+22	+99	-7	+21	+191	+267	+34
2019/09/04	-1,496	-3,503	+4,829	+3,431	+12	-211	-19	+15	+1,421	+180	+169
2019/09/03	+404	-3,048	+2,492	+468	-149	+34	+8	+8	+1,980	+143	+155
2019/09/02	-197	-1,245	+1,322	+151	+80	-23	+7	-2	+1,058	+51	+116
2019/08/30	-3,982	+2,271	+1,651	+579	+51	+423	-108	-14	+498	+223	+87
2019/08/29	+523	-1,126	+454	-953	+157	+239	+38	-10	+989	-6	+152
2019/08/28	-749	-512	+1,062	-651	+275	+265	+4	+4	+967	+198	+209
2019/08/27	-309	-1,186	+1,313	+187	-21	+328	-3	-1	+517	+308	+177
2019/08/26	+534	-1,188	+709	+466	-67	-287	+63	-11	+607	-61	-69
2019/08/23	-913	+77	+664	-98	+110	-190	+7	+1	+635	+198	+174
2019/08/22	+1,619	-1,236	-513	-1,389	+129	+195	+7	-7	+627	-73	+123
2019/08/21	+1,005	-1,281	+47	-1,094	-69	-123	-11	+11	+1,524	-190	+221
2019/08/20	-600	+1,136	-723	-792	+166	-9	-40	-23	-74	+51	+192
2019/08/19	-574	-1,390	+1,869	+470	+70	+129	-3		+1,119	+84	+96
2019/08/16	+550	-936	+152	-555	+143	-88	+42	+21	+744	-155	+234

2. 종합차트(0520)

업종으로 변환해서 해당 업종별 월봉, 주봉, 일봉차트의 변동 사이클을 지정하고 현재 변동 사이클 시점이 어딘가(상승기, 하락기, 침체기, 회복기)에 따라서 투자 업종을 분석하는 중요 지표 창이다.

원칙이 없는 초보 개인 투자자는 절대로 차트분석만으로 매수나 매도를 하면 안 된다.

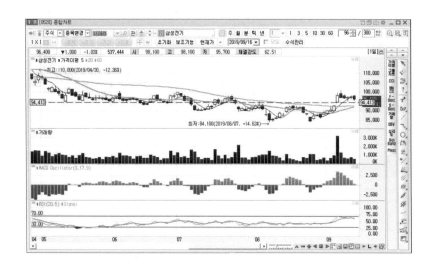

3. 전체업종지수(0152)

업종 구성 종목 창이 함께 있다. 당일 업종 등락을 볼 수 있고
업종 구성 종목 창에서는 해당 업종별 종목을 시가 총액 순서
로 정렬하여 모든 종목을 볼 수 있다.

4. 업종 구성 종목, 추세/사이클 업종(0571)

코스피·코스닥 지수 창으로 변환하고 분석 업종을 지정하면 해당 업종의 월별, 주별, 일별 추세 등락과 가격 등락 폭을 분석하고 저항선과 지지선 구간을 분석할 수 있는 창이다.

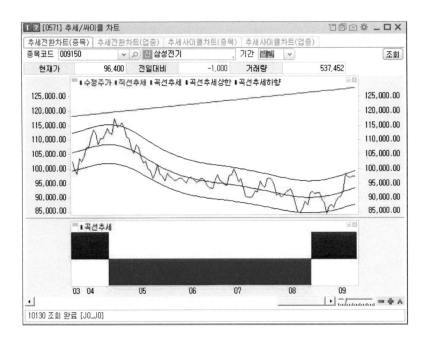

5. 섹터 정보(0167)

현재 급등락하고 있는 섹터(테마)별 종목을 보여 주는 창이다. 앞으로 유망하다는 4차 산업 관련주, 치매 관련주, 제약과 바이오 관련주, 헬스 케어, 인공지능 등 현재 시장에서 관심받는 섹터(테마) 관련주들을 분류해 둔 창이다.

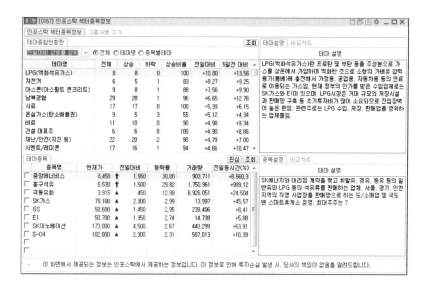

6. 원클릭 업종검색(0555)

　조건 검색 창으로서 여기는 상승 업종을 찾아낼 수 있다. 여러 지표(5일선, 20일선, 60일선) 설정값에 해당하는 업종을 보여주는 분석 창이다. 앞서 말한 바와 같이 종목은 업종을 이기지 못하고 업종은 지수를 이기지 못한다.

　종목을 검색하기 전에 업종을 먼저 분석하므로 세력의 수급이 있는 업종에서 종목을 찾아내는 것이 투자 종목을 찾는 것의 핵심이라고 볼 수도 있다.

7장

종목수급분석은
이렇게

종목을 분석하는 방법은 여러 가지가 있다. 내가 어떠한 원칙으로 투자를 하느냐에 따라서 각자가 달리 분석한다.

단타매매·단기매매·분기매매·장기매매 등 차트분석만 하는 사람, 수급(돈) 분석만 하는 사람, 거래량 분석을 하는 사람 등 어떠한 분석방법이 맞는 방법이라고 딱 잘라서 말할 수는 없다. 각자의 투자 성향에 맞는 분석을 하면 된다.

여기서는 분기매매를 원칙으로 분석한다.

자기만의 공부와 원칙에 따른 분석방법이므로 맞고 틀림을 말하고자 하는 것이 아니다.

분석 대상 창으로는 다음의 7개 창이 있다.

① 현재가(0101)

② 외국계 실시간 매매(0220)

③ 종목별 외국인/기관 일별 매매현황(0260)

④ 종목 거래원 일별 매매(0211)

⑤ 종목 거래원 누적매매상위(0212)

⑥ 외국인/기관 매매추이(0262)

⑦ 주식매매 가이드(0880)

1. 현재가(0101)

　등락은 호가 창의 매수량과 매도량을 보고 어디에 더 많은 거래 대기 물량이 있는지, 가장 많은 거래 대기 물량 값이 얼마인지를 볼 줄 알아야 한다. 꼭 그렇지는 않지만, 호가 창에서 거래 대기 물량이 많은 곳으로 주가는 방향성을 가지게 된다. 매도 대기 물량이 많다면 상승하고 매수 대기 물량이 많다면 하락하는 쪽으로 갈 가능성이 크다. 물론 100% 그렇게 가지는 않는다. 주식은 확신할 수 있는 것이 아무것도 없기 때문이다.

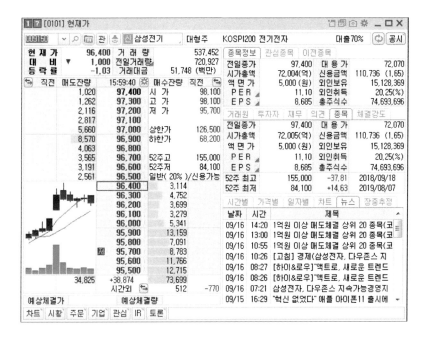

2. 외국계 실시간 매매(0220)

당일 외국계와 증권사 전체의 매수·매도 거래 종목의 거래량을 보여 주는 창으로서 이곳 창 분석만으로도 당일 전체 주가 등락을 예상할 수 있다. 외국인이 우리 증시에 미치는 영향이 그만큼 크기 때문이다.

회원사	시간	종목명	회원사	순매수량	매도량	매수량
외국계 전체	15:33:13	로보스타	모건스탠리	+2,104		44
JP모간	15:33:13	로보스타	CS증권	+4,652		79
맥쿼리	15:33:11	펩트론	모건스탠리	-9,175	136	
모건스탠리	15:33:11	모바일어플라이언	CS증권	-3,681	37	
씨티증권	15:33:10	유니테스트	모건스탠리	+21,071		668
RBS증권	15:33:10	동국제약	CS증권	+2,332		20
HSBC증권	15:33:10	팅크웨어	메릴린치	-731	47	
CLSA	15:33:10	동국제약	골드만삭스	+1,051		48
CS증권	15:33:09	휴온스글로벌	모건스탠리	+3,980		163
UBS	15:33:08	한국유니온제약	모건스탠리	+2,437		2
메릴린치	15:33:07	모다이노칩	CS증권	+5,344		69
골드만삭스	15:33:07	가비아	노무라	-1,140	38	
SG증권	15:33:06	컴투스	모건스탠리	-2,764	409	
노무라	15:33:06	컴투스	모건스탠리	-2,343		421
도이치	15:33:06	컴투스	CS증권	-2,643	179	
다이와	15:33:06	코렌	UBS	+12,763		674
BNP증권	15:33:05	플랜티넷	모건스탠리	+2,017		183
CIMB	15:33:02	인피니트헬스케어	CLSA	-5,781	396	
	15:33:02	인피니트헬스케어	CS증권	-2,176	93	

3. 종목별 외국인/기관 일별 매매현황(0260)

종목의 일별, 수급(돈) 거래량, 주포 세력(개인, 외국인, 기관 중에서 가장 많은 거래 주체)이 매수하는지, 매도하는지를 알 수 있는 창으로서 차후 주가 방향성을 분석할 수 있는 중요한 분석창이다.

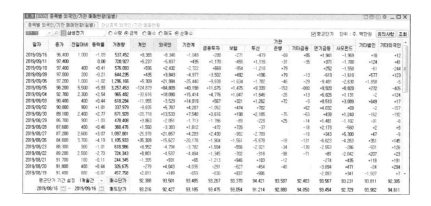

4. 종목 거래원 일별 매매(0211)

　종목별 외국인과 기관들의 일별 매매현황을 볼 수 있는 창으로서 날짜를 지정하면 누적 거래량까지 알 수 있는 창이다.

　이곳은 나와 파트너(외국계 2곳과 기관 2곳) 세력의 매매현황을 분석함으로써 매수·매도 결정에 상당한 도움을 받을 수 있는 곳이다.

일자	종가	전일대비	등락률	거래량	매수수량	매도수량	순매수량
2019/09/16	96,400	▼ 1,000	-1.03	537,452			
2019/09/11	97,400	0	0.00	720,927	234,040	267,355	33,315
2019/09/10	97,400	▲ 400	+0.41	576,093	124,553	100,299	24,254
2019/09/09	97,000	▼ 200	-0.21	644,235	141,027	67,337	73,690
2019/09/06	97,200	▼ 1,000	-1.02	1,296,166	444,200	223,890	220,310
2019/09/05	98,200	▲ 5,500	+5.93	3,257,453	1,410,648	582,594	828,054
2019/09/04	92,700	▲ 2,300	+2.54	965,482	397,756	275,393	122,363
2019/09/03	90,400	▲ 400	+0.44	618,284	138,286	151,693	13,407
2019/09/02	90,000	▲ 900	+1.01	337,979	108,784	38,319	70,465
2019/08/30	89,100	▲ 2,400	+2.77	671,928	174,450	33,610	140,840
2019/08/29	86,700	▼ 900	-1.03	478,408	123,488	115,949	7,539
2019/08/28	87,600	▲ 400	+0.46	368,476	80,555	113,507	32,952
2019/08/27	87,200	▲ 2,600	+3.07	1,097,801	586,659	363,827	222,832
2019/08/26	84,600	▼ 3,700	-4.19	1,105,933	135,882	303,808	167,926
2019/08/23	88,300	▼ 900	-1.01	618,986	130,341	196,350	66,009
2019/08/22	89,200	▼ 2,500	-2.73	724,343	151,067	196,099	45,032
2019/08/21	91,700	▼ 100	-0.11	244,345	69,967	51,912	18,055
2019/08/20	91,800	▲ 400	+0.44	326,675	90,189	46,308	43,881

5. 종목 거래원 누적매매상위(0212)

세력의 누적 거래량을 볼 수 있는 곳으로서 거래 누적량(매수·매도)을 분석하여 매수량이 많다면 주가는 상승하고 매도량이 많다면 주가는 하락하는 단순한 분석 창으로 볼 수 있다.

	순 매 도 상 위				순 매 수 상 위		
거래원	매수량	매도량	순매도상위	거래원	매수량	매도량	순매수상위
키움증권	737,971	1,061,304	323,333	모건스탠리	1,017,441	144,530	872,911
씨티증권	107,041	382,321	275,280	CS증권	531,919	243,179	288,740
삼성증권	408,816	675,526	266,710	HSBC증권	205,855	35,399	170,456
NH투자	379,464	576,693	197,229	메릴린치	549,552	392,975	156,577
KB증권	273,927	466,533	192,606	골드만삭스	313,009	194,988	118,021
미래에셋대우	1,016,397	1,186,268	169,871	UBS	178,281	96,638	81,643
유안타증권	159,177	227,866	68,689	다이와	41,048	6,943	34,105
한화투자	88,969	133,974	45,005	맥쿼리	35,372	5,666	29,706
대신증권	230,448	274,303	43,855	메리츠증금	111,907	85,735	26,172
JP모간	211,198	254,927	43,729	CIMB	24,486	1,840	22,646
하이투자	71,665	112,363	40,698	신한금투	643,378	626,838	16,540
DB금투	51,758	88,378	36,620	리딩투자	14,400	4,101	10,299
하나금투	174,472	210,591	36,119	코리아RB	16,008	6,567	9,441
한투증권	1,003,832	1,030,028	26,196	바로투자	17,341	8,052	9,289
CLSA	44,313	66,369	22,056	BNP증권	8,502	0	8,502
BNK증권	404,031	424,487	20,456	KTB증권	61,487	53,369	8,118
SK증권	54,150	73,193	19,043	상상인증권	9,152	1,568	7,584
부국증권	11,809	27,254	15,445	한양증권	13,983	7,672	6,311
교보증권	37,871	52,557	14,686	노무라	10,421	6,013	4,408

6. 외국인/기관 매매추이(0262)

 날짜 지정으로 외국인과 기관의 합산 거래량과 외국인합계, 기관합계, 프로그램합계 거래량, 현재가 대비 매수 평균가 등을 그래프로 쉽게 알 수 있는 창이다.

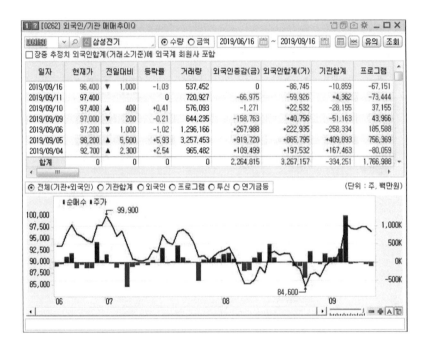

7. 주식매매 가이드(0880)

　개인과 외국인, 기관의 종목 매수 평균가와 매도 평균가, 기간 거래 누적량 등을 분석할 수 있다. 이 또한 주포 세력이 누구인지를 분석하고 매수·매도 평균가를 알 수 있으므로 주가의 상승 및 하락 매수값을 결정할 수 있는 창이다. 외국인, 기관 매매추이(0262) 창과 함께 분석하면 쉽게 이해할 수 있다.

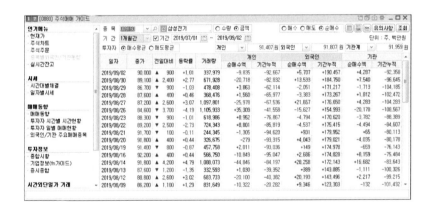

"
수급과 주포를 알고
추세를 분석하고
매수·매도원칙을 지켜라.
"

8장

매수
종목 찾기

매수 종목을 찾을 때는 업종을 먼저 분석하고 상승하는 업종에서 종목을 찾는다. 종목은 업종을 이길 수 없다.

하락하는 업종에서는 종목 또한 하락한다.

분석 대상 창으로는 다음의 7개 창이 있다.

① 원클릭 업종(0555)

② 원클릭 종목(0554)

③ 실시간 상/하 포착(0184)

④ 특정 종목 집중 매매(0213)

⑤ 외국인 기간별 매매집계(0226)

⑥ 배당률 순위(0181)

⑦ 외국인/기관 합산매매상위(0229)

1. 원클릭 업종(0555)

종목을 매수하기 전에 항상 상승 업종 분석을 먼저 해야 한다. 상승하는 업종에서 상승하는 종목을 찾는 것이다.

2. 원클릭 종목(0554)

　종목만을 찾는 곳이다. 지표 지정 값으로 해당 지표 값에 있

는 종목을 찾아내는 방법이다.

3. 실시간 상/하 포착(0184)

　모든 투자자가 바라는 종목일 것이다. 당일 상한가를 치는 상승 종목을 찾는다는 것은 헛된 꿈에 지나지 않는다. 종목을 추천하는 많은 전문가가 그렇게 상승 종목을 잘 알고 있다면 왜 힘들게 회비를 받고 종목 추천을 하겠는가? 여기에 올라오는 종목 중에서 거래량과 차트분석 등을 통해서 개인들에게 추천하는 것이다. 초보자가 추천 종목을 받는 것은 상관없다. 그러나 기본적인 분석 정도는 꼭 해야 한다.

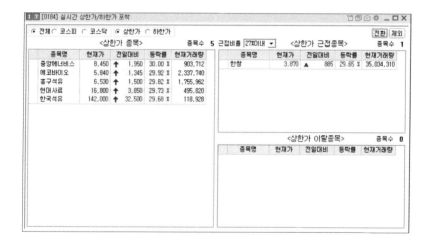

4. 특정 종목 집중 매매(0213)

세력(외국인과 기관)의 매도 상위 종목과 매수 상위 종목을 분석할 수 있다. 세력의 매수 상위 종목을 분석함으로써 현재 수급이 있는 매수 종목을 찾아낸다.

거래원	순매도상위 매수량	순매도상위 매도량	순매도상위	거래원	순매수상위 매수량	순매수상위 매도량	순매수상위
아난티	78,200	754,845	676,645	이아이디	951,845	210,738	741,107
한화생명	954,008	1,431,896	477,888	컴시스	540,308	95,242	445,066
수산중공업	165,382	551,857	386,475	마니커	489,515	121,825	367,690
LG유플러스	259,180	627,222	368,042	TIGER 200	497,576	159,060	338,516
기업은행	419,238	766,163	346,925	KODEX 200	328,476		328,476
LG디스플레이	837,168	1,177,093	339,925	우리종금	366,419	38,339	328,080
SK하이닉스	654,015	964,891	310,876	미래산업	685,210	358,837	326,373
도이치모터스	106,317	409,857	303,540	코라아나	282,760	27,431	255,329
서한	7,520	307,186	299,666	에이치엘비생명과	310,948	89,693	221,255
신한지주	464,047	746,585	282,538	쌍방울	311,755	93,710	218,045
BNK금융지주	269,411	540,468	271,057	자연과환경	225,729	28,608	197,121
한신기계	307,106	563,492	256,386	휴림로봇	193,319	471	192,848
한창	5,557	250,422	244,865	오리엔트바이오	185,720	3,540	182,180
대아티아이	145,651	384,208	238,557	두올산업	503,928	321,834	182,094
대한항공	169,054	405,709	236,655	아리온	184,307	7,642	176,665
한화케미칼	61,412	288,600	227,188	CMG제약	271,150	106,382	164,768
현대로템	43,383	262,796	219,413	삼익악기	177,641	13,806	163,835
한온시스템	183,740	402,340	218,600	상보	170,502	7,293	163,209
오성첨단소재	155,559	353,746	198,187	SFA반도체	187,513	31,387	156,126
신원	152,322	344,240	191,918	현대바이오	202,537	48,122	154,415
티웨이홀딩스	128,031	318,501	190,470	파미셀	157,205	6,175	151,030

5. 외국인 기간별 매매집계(0226)

종목별 외국인의 보유량과 보유 지분율을 보여 주는 곳이다. 외국인의 종목 보유 지분율이 점차 줄어든다면 해당 종목 주가는 하락할 가능성이 크다. 반대로 외국인 보유 지분율이 높다면 주가 등락은 있겠지만, 안정된 기업으로 보고 적정 가격 분석 후에 매수한다면 큰 수익을 낼 수도 있다. 그러나 개인은 언제나 고점에서 매수하는 경향이 있다.

🔳🔳 [0226] 외국인 기간별 매매집계						🗔🗔🗔❈ _ □ X

종목별 외국인 상세 매매현황	외국인 한도소진 매매현황	업종별 외국인 보유비중	**외국인 기간별 매매집계**

◉전체 ○코스피 ○코스닥 업종 🔍 전체   5일 ∨ □기간 2019/09/11 ~ 2019/09/16 🔲
◉소진율증가순 ○소진율감소순 ○보유주식증가순 ○보유주식감소순   조회

종목명	외국인 보유 주식수				변동주식수	변동률	외국인주문가능
	2019/09/11	소진율	2019/09/16	소진율			
부방	0	0%	430,153	0.71%	430,153	0.71%	59,622,107
대한항공우	32,612	5.87%	33,354	6.00%	742	0.13%	521,931
에어부산	52,068	0.20%	82,610	0.31%	30,542	0.11%	25,947,183
아시아경제	176,603	2.30%	184,985	2.41%	8,382	0.11%	7,467,635
티웨이항공	78,461	0.33%	99,607	0.42%	21,146	0.09%	23,383,101
세종텔레콤	19,413,253	6.59%	19,642,599	6.67%	229,346	0.08%	274,517,202
제이콘텐트리	398,185	9.21%	401,426	9.28%	3,241	0.07%	3,920,643
KTH	997,805	5.70%	1,010,581	5.77%	12,776	0.07%	16,489,779
아이즈비전	696,735	9.01%	702,168	9.08%	5,433	0.07%	7,026,393
한국경제TV	814,818	7.22%	819,306	7.26%	4,488	0.04%	10,450,694
메리츠화재	16,081,012	14.14%	16,081,012	14.14%	0	0%	97,598,988
삼양홀딩스	771,574	9.00%	771,574	9.00%	0	0%	7,792,697
삼양홀딩스우	32,474	10.68%	32,474	10.68%	0	0%	271,584
하이트진로	6,539,389	9.32%	6,539,389	9.32%	0	0%	63,594,222
하이트진로2우B	112,574	9.96%	112,574	9.96%	0	0%	1,017,564
유한양행	2,806,436	21.96%	2,806,436	21.96%	0	0%	9,970,679
유한양행우	0	0%	0	0%	0	0%	236,188
CJ대한통운	4,413,044	19.34%	4,413,044	19.34%	0	0%	18,399,300
하이트진로홀딩스	1,214,942	5.23%	1,214,942	5.23%	0	0%	21,991,823
하이트진로홀딩스우	3,462	0.73%	3,462	0.73%	0	0%	467,348
두산	1,611,550	8.83%	1,611,550	8.83%	0	0%	16,626,552
두산우	123,363	2.79%	123,363	2.79%	0	0%	4,287,711
두산2우B	169	0.01%	169	0.01%	0	0%	985,516

※ 발행 주식 수의 변화나 외국인 한도 수량의 변화로 인해, 변동주식수나 변동률의 비교가 부정확 할 수도 있으니 이점 유의하시기 바랍니다.

6. 배당률 순위(O181)

우량 기업을 찾는 방법으로 활용할 수 있다. 우량 기업은 주주 배당금과 매출, 영업이익이 높다. 그러나 기업의 가치 목적은 성장성이다. 성장성이 없다면 절대로 매수하면 안 되는 기업이다.

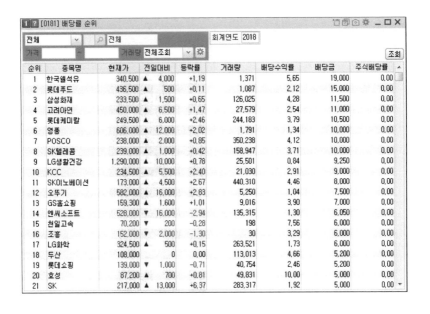

7. 외국인/기관 합산매매상위(0229)

종목별로 외국인과 기관의 합산 거래량을 보여 준다. 분기별
과 월별, 2주, 1주 기간의 수급과 거래 대금을 분석하므로 세력
의 거래량이 증가하는 종목을 분석해서 찾아낼 수 있다.

"
남의 삶을 살면서 당신의 시간을 낭비하지 말고
행복한 삶을 위한 투자를 하라. 🙂

부록

매매 일지 정리하기

투자자는 반드시 종목 매매 거래장을 작성할 줄 알아야 한다.

주가는 한 번 매수한 가격으로 매도시점까지 기다리는 것이 아니다. 장기투자를 할지라도 등락에 따른 주가 관리는 해야 한다. 매수 후에 하락하는 주가를 무작정 기다리며 물타기 매수를 하는 것이 아니라 주가 등락에 따른 매수·매도를 할 줄 알아야 한다.

개인 투자자는 적은 투자금에 비해서 많은 종목을 보유하고 있다. 물론 분산 투자 효과도 있겠지만, 수익·손실에 대한 실효성은 없다고 본다. 누구도 투자금 대비 매수 종목 수를 알려주지 않는다.

주가에 따라서 호가 등락을 보면 주당 5원, 10원, 50원, 100원, 500원 등으로 오르내리기를 반복한다. 5원 등락 주보다는 10원 등락 주를, 100원 등락 주보다는 500원 등락 주를 선택하기를 권한다. 내 투자금이 얼마가 되든지 호가 100원 등락 주를 기준으로 1,000주를 한 종목 매수로 하여 선택과 집중을 할 수 있어야 한다. 만약 투자금이 1,000만 원이면 주당 일만 원짜리 주식 1,000주를 기준으로 분할매매를 해야 한다는 뜻이다.

절취선

종목명:

날짜	매수가/ 매수량	매도가/ 매도량	보유량	거래액	평가 금액	매수 총액/ 평균가	현금 보유	손실

종목명:

날짜	매수가/ 매수량	매도가/ 매도량	보유량	거래액	평가 금액	매수 총액/ 평균가	현금 보유	손실

절취선

종목명:

날짜	매수가/ 매수량	매도가/ 매도량	보유량	거래액	평가 금액	매수 총액/ 평균가	현금 보유	손실

절취선

종목명:

날짜	매수가/ 매수량	매도가/ 매도량	보유량	거래액	평가 금액	매수 총액/ 평균가	현금 보유	손실

종목명:

날짜	매수가/ 매수량	매도가/ 매도량	보유량	거래액	평가 금액	매수 총액/ 평균가	현금 보유	손실